体のたるみを引きしめる！

「体《たい》芯《しん》力《りょく》」体操

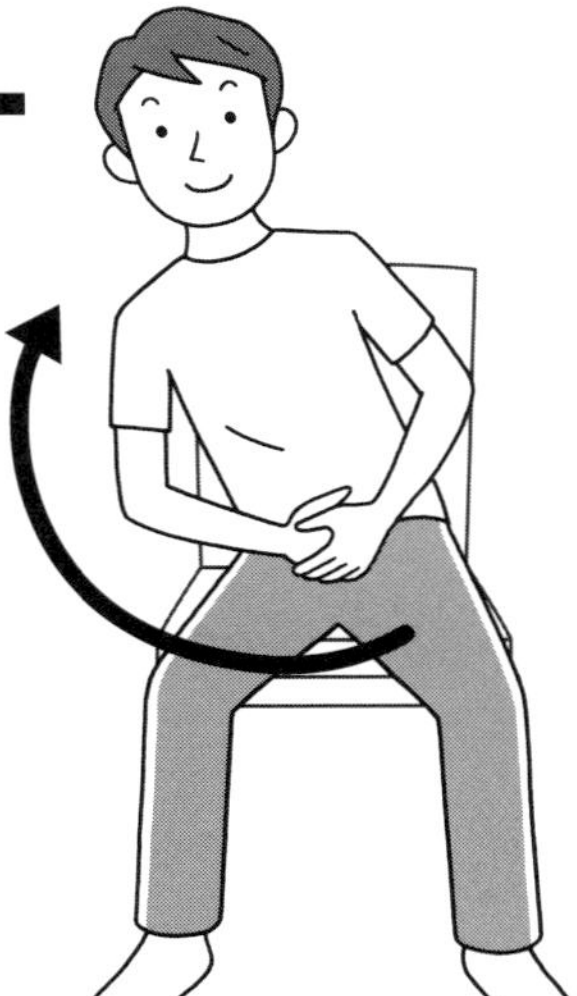

鈴木亮司

はじめに

年齢を重ねると、多くの人にみられる、体のたるみ。

若い頃は引きしまった体型だった人でも、ある程度の年齢になると、何もしなければ確実に体のラインは崩れていきます。

でも、本書で紹介している「体芯力」体操で、そうしたたるみが気になる部分と「体芯」を一緒に動かせば、ぽっこりお腹、たれさがるお尻、たるんだ二の腕や太ももなどを引きしめることができます。さらに、この体操を続けると効率的に筋肉を鍛えられるので、結果的に基礎代謝が上がり、やせやすい体にもなっていきます。

「体芯」とは、体の奥の奥、一番深いところにある「大腰筋」のこと。普通のトレーニングでは動かせない筋肉ですが、「ひねる」動作に重点をおいた「体芯力」体操を行うことで、誰でもラクに鍛えることができます。

「体芯力」体操は、1つひとつの体操がわずか1分以内。しかも、キツくもツラくもありません。ぜひ、今日からはじめて、引きしまった体型を取り戻してください。

体のたるみを引きしめる！「体芯力」体操〈もくじ〉

PART 1 理論編

「体芯力」体操で、たるんだ体が引きしまる

PART 1

実践編

たった1分！気になるところを引きしめる「体芯力」体操

PART 2

理論編

「体芯力」体操で、やせやすい体に変わる

PART 2 実践編

たった1分！基礎代謝がぐんぐん上がる「体芯力」体操

PART 1

「体芯力」体操で、たるんだ体が引きしまる

理論編

なぜ年齢とともに、体のあちこちがたるむのか

!?

若い頃はスリムだった人でも、40歳に近づく頃からだんだんと体の変化が気になりはじめるものです。食べる量が増えたわけでもないのに、お腹がぽっこりしてきた、お尻をはじめ全身の肉がなんとなくたるんできた……こうした変化は、多かれ少なかれ、誰にでも起こることです。腕や太ももなどがなんとなく太くなってきた、という人もいるでしょう。

年齢とともに、体のあちこちがたるんでくる理由は、大きく分けてふたつあります。ひとつは、筋肉が正常に働かなくなってくるから。そしてもうひとつが、基礎代謝が落ちてくるからです。

筋肉が正常に働かなくなるのは、年齢を重ねるうちに、どんどん使わなくなることが主な原因です。筋肉は繊維状の束でできていて、ゴムのように伸び縮みすることで働き、張りを保っています。使われなくなると常に伸びきった状態や、凝り固まった

状態になり、張りが保たれなくなってしまうのです。

筋肉は本来、収縮することで力を出せるものなので、伸びきったままだと、力は出せなくなります。これは、いわば筋肉が正常に機能していない状態。こうなると、若い頃は筋肉によって支えられていた内臓や骨、脂肪などさまざまな組織が本来の位置で保たれなくなり、重力に負けてたるみとなって表れてきます。たとえば、内臓は外側にはみ出してきて、ぽっこりお腹の元凶になります。さらに、脂肪は、使われなくなった筋肉の周辺についていくため、脇腹をはじめ、二の腕や太もも、お尻などのまわりがたるみはじめ、体のラインはどんどん崩れていくのです。

そして、筋肉がどんどん使われなくなって活動量が減れば、当然、基礎代謝も落ちてしまいます。

では、なぜ、人は年をとると筋肉を使わなくなってしまうのでしょう。

単純に、活動量が減るから――それも、あります。一般的に、子どもは毎日全身を使って元気に動き回っていますが、大人は毎日決まった動作しかしなくなり、定期的に運動を心がけたり趣味でスポーツをしている人以外は、活動量は減っていく一方です。現代社会は、体を動かす機会がどんどん減っているので、なおさらです。

でも、実は理由はそれだけではありません。人の体は、経験値に応じて、より少ない筋肉だけを使って効率的に動こうとするようにできているため、年齢が上がるにつれて、自ら使う筋肉をどんどん減らしていってしまうのです。

脳の考え方は、いわば会社と同じです。同じ作業をするのにもともと10人必要だったのが、8人で作業できるようになるなら、そのほうが効率的だと考えます。さらに6人、4人と、どんどん人員を減らしていくようになります。もともと人間は、飢えから自分を守るために、使う筋肉を極力減らし、エネルギー消費を抑えるようにできています。ですから、大人になればなるほど、どうしても使う筋肉は減っていく傾向にあるのです。これは、エネルギー消費を抑えようとする脳の判断であり、人間の本能なのです。

そして、使われなくなった筋肉には十分に血流が回らなくなり、切り干し大根のように干からびて、凝り固まっていきます。

ですから、人間が年齢を重ねても引きしまったすこやかな体を保ち続けるためには、必ず何らかのトレーニングをする必要があります。放っておけば、どんな人でも、年を重ねるごとに体は確実にたるんでいくのです。

普通の筋トレでは、たるみの解消はツラくて長い道のりに

ある程度の年齢になって体にたるみを感じはじめると、「太ったのかな？」と思って、食事を減らす人がいます。しかし、食事を減らせば脂肪は落ちるかもしれませんが、それだけでは筋肉がつかないため、体を引きしめることはできません。

いわゆる筋トレをはじめる人も多いようです。しかし、あなたのまわりに筋トレで体の引きしめに成功した人はどれくらいいるでしょうか。あまり見たことがないはずです。なぜなら、ダンベル等を用いた従来の筋トレによるたるみの解消は、非常にツラくて長い道のりだからです。

その理由を語る前に、どうすればたるみが解消されるのか、簡単に説明しておきましょう。

一番重要なことは、動かなくなっている全身の筋肉を柔らかくし、よく動くようにすることです。筋肉が本来の機能をとり戻せば、体の組織が支えられ、全身のアウト

ラインがすっきりしまってきます。さらに、筋肉がちゃんと働くようになることで、その周辺の脂肪も落ちていきます。

ですから、もし、体を引きしめたいのであれば、できるだけ多くの筋肉を一度に動かす全身運動に近いエクササイズが効率的なのです。

しかし、従来の筋トレの多くは、体の一部を動かすことで特定の筋肉を鍛えるようにできています。垂直方向への単純な動きが多く、実際にやってみるとわかりますが、一部の筋肉しか動きません。筋肉は全部で200〜300もありますから、それぞれバラバラに動かして全身を引きしめていくとなると、大変な数のトレーニングが長時間必要なことになってしまいます。

また、体には常に一定のバランスを保ち続けようとする力があるため、一部の筋肉だけ鍛えても、元の状態に引き戻される力が働いてしまい、変化はなかなか出ません。筋肉とは、全身をバランスよく鍛えることで、より早く効果が表れるものなので、常に全身を連結して考えることが大切なのです。

健康的に引きしめるなら、筋肉を硬くするより、柔らかく

いわゆる筋トレは、ボディービルディング理論に基づいた、ボディービルダーのためのトレーニングであり、力を入れて行うエクササイズになっています。

実は、この点も問題です。筋トレを続ければ、確かにその部分に筋肉はつきます。しかし、力を入れて行うエクササイズでつけた筋肉は、しなやかな筋肉ではなく、硬い筋肉になってしまいます。いわゆる〝カチカチ〟の筋肉です。

一般の人が、体の一部に硬いカチカチの筋肉をつけると、体のバランスが崩れ、かえって全身の動きが悪くなりかねません。動きが悪くなれば、ケガをしやすくなる上に、かえって活動量が落ち、やせにくい体になってしまいます。

トレーニングとは〝クセづけ〟です。筋トレのような力む運動ばかりしていれば、体を動かすときに力むクセがつきます。実際、ボディビルダーは、一瞬の力を出すのは得意ですが、持久力がない人が多く、俊敏な動きが得意な人もほとんどいません。

近年になって、一般の人が健康的に体を引きしめたいのであれば、筋肉を硬くするトレーニングではなく、柔らかくするトレーニングのほうが有効であることが少しずつ明らかになってきました。しかし、スポーツ界におけるボディービルディング理論の影響は非常に大きく、筋トレに限らず、世の中の〝体を引きしめる〟とうたったトレーニングの多くは、未だにこうしたボディービルディング理論の影響を大きく受けています。このようなトレーニングを続ければ続けるほど体の筋肉は硬くなります。部分的に筋肉がついたとしても、体はやせにくくなってしまい、全身を引きしめるには相当な時間を要することになります。

ですから、体を効率的かつ健康的に引きしめたいのであれば、筋肉が柔らかくなる、力を抜くトレーニングをすべきです。力を抜いてラクに行う「体芯力」体操なら長続きしますし、力を抜いて動くクセがつき、全身の筋肉がどんどん柔らかくなって、よく動くようになるでしょう。

結果的に、筋肉が正常に働くようになり、体が引きしまりはじめます。すると、さらに動くのが楽しくなり、活動量も自然に上がってくるという、よい循環が生まれてくるのです。

「体芯力」体操で、筋肉を柔らかくする

日頃あまり運動をしない大人の筋肉の多くは、凝り固まって動かなくなっています。動かない筋肉は機能しなくなり、それが体のたるみの元凶になります。筋肉が動きづらくなれば関節も動きづらくなり、活動量は落ちていく一方です。

「体芯力」体操は、そんな体を引きしめ、やせやすい体にしていくエクササイズです。「体芯力」とは、体の一番深いところにある大腰筋を中心としたその周辺の筋肉が、いかにしなやかで、いかにしっかり働いているかを表す言葉です。つまり、「体芯力」体操とは、体芯の筋肉を中心に全身の筋肉を柔らかくし、正常な働きに戻していくエクササイズといえます。

筋トレとの大きな違いは、筋肉を硬くするのではなく、柔らかくするということ。「体芯力」体操の場合、筋肉の力を抜いた動作によって凝り固まった筋肉をゆるめていきます。リラックスした状態で筋線維をゆっくり滑走させることで、摩擦により筋

肉の温度を上げていきます。こうすると、血流がどんどん入ってくるので、筋肉がふわっと膨らみ、筋肉が太く柔らかいものへと甦っていくのです。

実は、アスリートの筋肉は非常にしなやかです。しまった体といえば、筋肉質な硬い体を連想する人が多いと思いますが、多くのアスリートの筋肉は、さわってみるとみんなふにゃふにゃしています。

これとは対照的に、筋トレで作り上げられた筋肉はとても硬いのですが、そういう体をしている人は、あまり動きがよくありません。打てなくなってきた野球選手が筋トレをしてムキムキの体になると、余計に打てなくなるのはそのためです。イチローなど、一流のアスリートがムキムキの体ではないことを思い出してください。

ちなみに、赤ちゃんの筋肉は、どこもかしこもふにゃふにゃです。これでは立ち上がれませんが、立てるようになった直後の筋肉の柔らかさが、筋肉の機能を保つ上で、もっとも理想的な柔らかさといわれています。私の筋肉も、いわゆる筋トレでつけたものではないので、力を入れても、指で押せるぐらいの柔らかさがあります。

無理な筋トレなどせずとも、凝り固まった筋肉を柔らかくしてやるだけで、全身の筋肉が正常に働きはじめ、体型は自然と引きしまっていくことになるのです。

気になるところを引きしめながら、体芯力もつく

PART1で紹介している「体芯力」体操は、気になるところの引きしめに特に効果があるものですが、動く筋肉は決して限定的ではありません。必ず、大腰筋を中心とした体芯の筋肉も一緒に動く内容になっているので、気になるところを引きしめながら、「体芯力」も鍛えられます。

ここで、大腰筋について、少し説明しておきましょう。

胴体の筋肉のうち、体の表面にある筋肉をアウターマッスル、その内側にある筋肉をインナーマッスルということは、皆さんもご存じかもしれません。

大腰筋は、胴体のインナーマッスルのおおもとともいうべき筋肉で、みぞおちの裏側あたりの背骨から、股関節につながっています。牛や豚でいえば、ヒレ肉の部分にあたります。人間の上半身と下半身をつないでいる唯一の筋肉であり、まさに、全身の筋肉の要《かなめ》となっている大事な筋肉といえます。

スポーツの世界でインナーマッスルが意識されるようになったのは実はかなり最近の話です。

中でも、大腰筋に注目が集まったのは、２０００年のシドニーオリンピック大会で、男子１００メートル走で優勝したモーリス・グリーン選手がきっかけでした。彼が大腰筋について言及したことで、世界的に注目を集めることになったのです。

シドニーオリンピックの直前に放送されたテレビ番組である、ＮＨＫスペシャル『最速の男の秘密』でも、「強さの秘密は深腹筋にある」と表現されていました。深腹筋とは、実は大腰筋のことなのですが、当時はまだ、スポーツの専門家ですら大腰筋の名前を知る人はほとんどいなかったため、あえて深腹筋という言葉を用いていたという逸話まで残っています。

日本において、大腰筋に最初に注目したのは、筑波大学の研究グループでした。ＭＲＩを用いて国内の一流選手の腹部の筋肉を調べてみたところ、多くの選手の大腰筋が非常に発達していたことがわかったのです。

大腰筋が、体の動きにとって非常に重要な筋肉であることは間違いありません。しかも、大腰筋は、単独では動きません。そのまわりの筋肉と一緒に動く、非常に

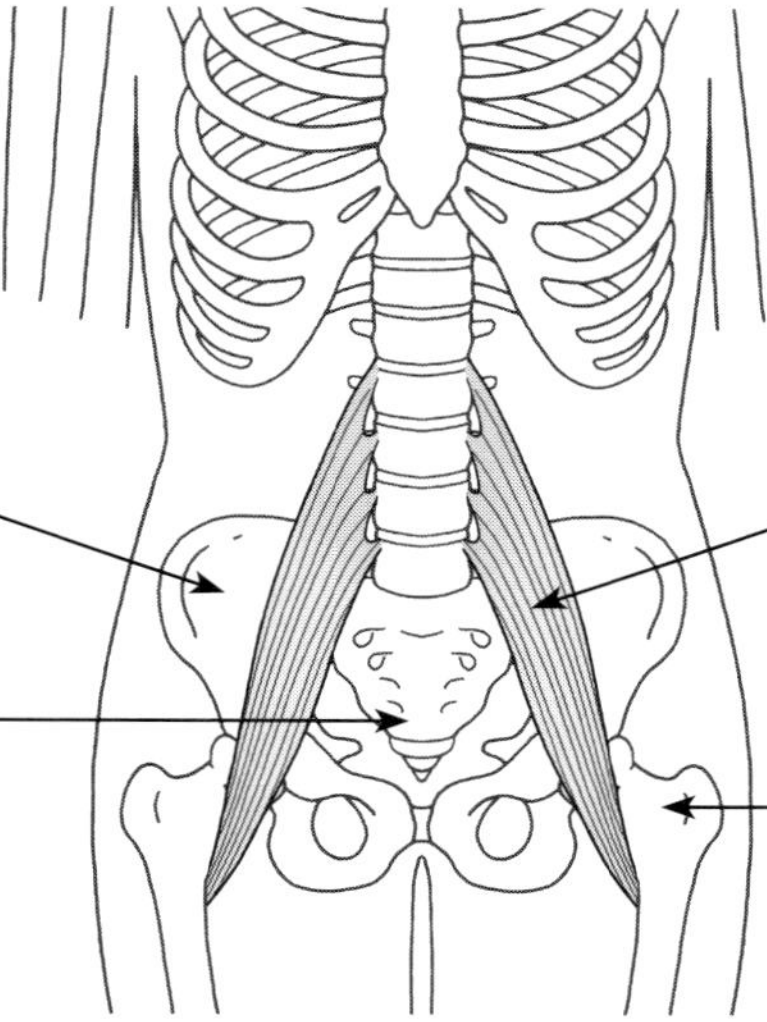

連動性が高い筋肉なのです。逆にいえば、大腰筋が細くなっているということは、他の筋肉もあまり使われていないということになります。全身の筋肉がどれだけ使われているのか、そのバロメーターにもなる筋肉なのです。

ですから、大腰筋がしなやかによく動くようになるということは、全身の筋肉の動きをよくすることにつながっています。

つまり、大腰筋を柔らかくして「体芯力」が上がってくると、全身の筋肉がバランスよく、かつ効率よく柔らかくなり、機能が正常に戻っていくのです。

「体芯力」体操は、ひねる動きがポイントになっている

　ＰＡＲＴ１の「体芯力」体操は、腕や足など、たるみが気になる部分を中心に動かすようになっていますが、必ず大腰筋をはじめとしたさまざまな筋肉に働きかける動きで構成されています。実際にやってみてもらえば、どの動きも想像以上に広範囲の筋肉を使っていることがわかるでしょう。

「体芯力」体操の大きな特徴のひとつが、ひねる動きを重視している点です。腕でも足でも体幹でも、ひねりを加えた動きをすると、体芯を含めた、かなり広範囲の筋肉を使うことになるのです。

　ちょっと腕を動かしてみてください。ダンベルを持ったトレーニングのように、直線的にひじを曲げ伸ばしする動きをやってみると、肩から先の部分的な筋肉しか使われていないのがわかるでしょう。

　次に、腕を横に伸ばして、手のひらを思いきり後ろ側に向けてひねる、戻す、を繰

り返してみてください。肩の内側の筋肉から、体芯筋までが動いていることが実感できると思います。

立ち上がって本気でひねると、肩や鎖骨周辺はもちろん、腰のあたりまで動いてくるのがわかるはずです。

このように、体の一部を動かすことで、自然とそれ以外の部分まで動き出すことを、「運動連鎖」といいます。

運動連鎖は、従来の筋トレのような直線的な動きでは起きにくく、ひねる動きを加えることで起きやすくなります。

「体芯力」体操の場合、ひねる動きとともに、体の芯にある大きな筋肉である大腰筋を動かすことで、その影響は広範囲に及びます。つまり、運動連鎖を引き起こしやすい動きでできているため、体芯の筋肉を中心に多くの筋肉を使うことになり、効率的にバランスよく全身の筋肉を鍛えることができるのです。

ひねる動きが大事な理由は、もうひとつあります。

実は、私たちの筋肉の約9割は、ゆるやかならせん状になっています。ですから、らせん状の筋肉を鍛えるのに、従来の筋トレのような直線的な動きは本来あまり適していません。ゆるやかにひねりを加えた動きのほうが、人間本来の動きに近いのです。

「体芯力」がついてくると、体芯を中心に全身の筋肉を上手に使った動き方が身につくため、歩くなどの日常動作で、手足の一部の筋肉ではなく、もっとたくさんの筋肉を使った、疲れない動き方ができるようになります。

こうなると、たくさん歩いたときなど、疲れる筋肉の場所が変わってきます。腕や足など末端だったのが、体芯に疲れを感じるようになってくるはずです。歩いていても、足はほとんど疲れず、みぞおちあたりに疲労感がくるようになるでしょう。これは、体をうまく使えるようになったサイン。疲れる部分が体の中心になっていくほど、効率的に体を動かせるようになったことになります。

「体芯力」体操でここまで体芯力がついた頃には、気になっていたたるみはすっきり引きしまっていることでしょう。

筋肉を全体的に動かしていったほうが、体は早く引きしまる

体の筋肉は、一部分だけ動かすのではなく、全体的にバランスよく動かしていったほうが、効率よく、かつ、健康的に改善できます。

「テンセグリティ」という言葉があります。これは、建築家バックミンスター・フラーにより提唱されたもので、張力（Tension）と統合（Integrity）からくる、造語です。簡単にいうと、張力によって構造が保たれている状態のことを意味しています。

たとえば東京ドームです。ドームは中心などには柱が一本もないのに、バランスのとれた張力によって、あの構造が保たれているわけです。

しかし、テンセグリティ構造は全体に力を分散しているので、一部分に強い力がかかるとバランスが一気に崩れてしまいます。

実は、私たち人間の体も、テンセグリティ構造だといわれています。

私たちの筋肉は、全体が全身タイツのような筋膜で覆われており、絶妙な張力でバ

ランスが保たれているのです。

そのため、部分的に筋肉を使い続けたり、一部分だけにどんどん筋肉がついていくと、バランスが崩れてしまい、不健康な状態に陥ります。たとえば、一部分の筋肉に強い負荷がかかり続ければ、そのまわりを覆っている筋膜にもシワやヨレができ、肩こりや腰の痛みなど、体調の不具合となって表れてきます。

筋膜リリースという言葉を聞いたことがあると思いますが、これは、こうしたシワやヨレを正常に戻すことです。

そもそも私たちの体には、全体のバランスをとろうとする力が常に働いているため、一部分の筋肉だけ鍛えようとしても、効果はなかなか出てきません。

本来、運動をするなら、できるだけ、全身的な運動がよいのです。

その点、「体芯力」体操は、気になる部分を引きしめる運動であっても、ひねることで広範囲の筋肉を動かしたり、体芯を動かしてより多くの筋肉に働きかけることになります。ですから、バランスよく筋肉を整え、全身を効率よく引きしめていくことができるのです。

従来のストレッチでは、筋肉は柔らかくならない

筋肉の働きを正常にして体を引きしめるためには、筋肉を柔らかくすることが大事です。しかし、筋肉を柔らかくするというと、「ストレッチで体を柔らかくすればいいんだ」と誤解される方が少なくありません。

しつこいようですが、私が言っている「筋肉を柔らかくする」というのは、そういうことではありません。凝り固まった筋肉をリラックスした状態でゆっくり動かすことで、そこに血流を入れ、筋肉そのものを柔らかい状態にする、ということです。

ストレッチといえば、まず思い浮かべるのが、座って足を伸ばした状態での前屈でしょう。一般的に、足を思いきり伸ばした状態にして、しばらく静止します。ストレッチには静的ストレッチと動的ストレッチがありますが、このように筋肉を一方向に伸ばして止まった状態でキープするのは、静的ストレッチです。

静的ストレッチは、運動後の筋肉疲労の緩和には役立つといわれていますが、筋肉

!?

を柔らかくすることはできません。

なぜなら、筋肉はゴムと一緒で、縮めたほうがゆるむからです。前屈の体勢で静止すれば、太ももやふくらはぎなど、足の裏側の筋肉がぴんと伸びて緊張します。これでは血流が入っていかないため、筋肉を柔らかくすることはできません。

それどころか、こうした静的ストレッチを何度も繰り返していると、筋肉は柔らかくなるどころか、逆に硬くなってしまう可能性があります。

筋肉は硬くなれば動きが悪くなり、凝り固まって動かなくなったり、伸びきったゴムのようにだれてしまいます。こうなると、周辺の組織を支えられなくなることでたるみが生まれ、体のラインは崩れるばかり。ですから、体を引きしめたいのであれば、ストレッチではなく、リラックスした状態で筋肉を動かし柔らかくしていく、「体芯力」体操が最適なのです。

1分

PART

1

たった1分！
気になるところを引きしめる
「体芯力」体操

実践編

腰上げ体操

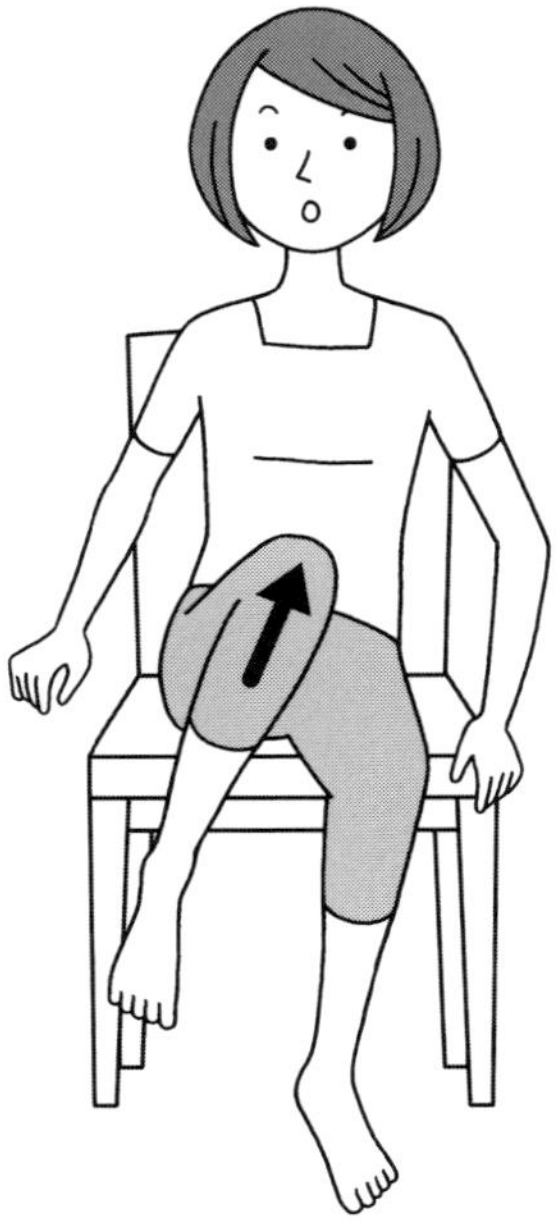

イスに浅く座り、腰をみぞおちに近づける感覚で、息を吐きながら、ゆっくりと右ひざを腰から持ち上げる。息を吸いながら、ゆっくりと元の姿勢に戻る。
左右交互に 10 回ずつ行う。

ひざを上げるとき、**体が斜めにならないように**、まっすぐに保つこと。

お腹・下っ腹

お腹・下っ腹を引きしめるには、表面の腹筋ではなく、その内側にある大腰筋を鍛えることが大切です。普段ほとんど動かしていない下っ腹が動く体操を繰り返すことで、骨盤まわりの筋肉をゆるめ、大腰筋をはじめとした体芯の筋肉に血流を促していきます。

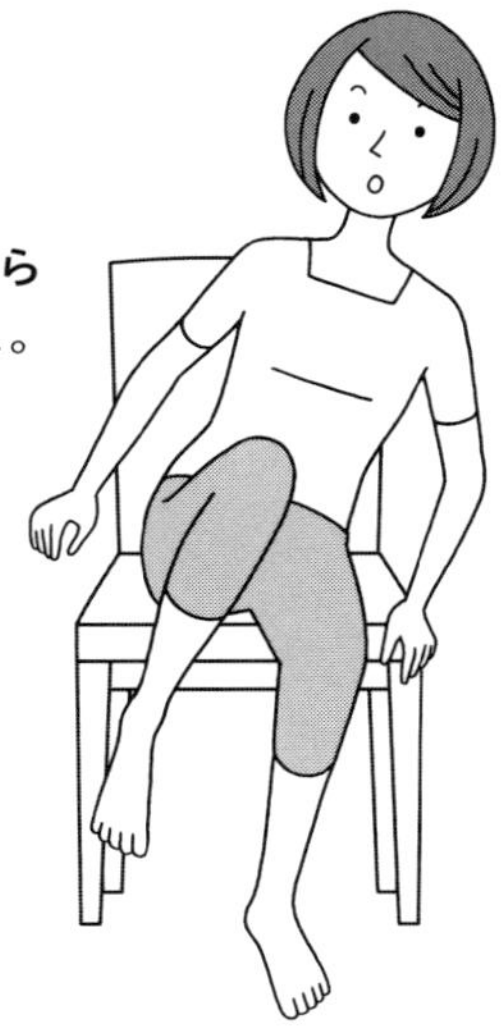

上半身くるくる体操

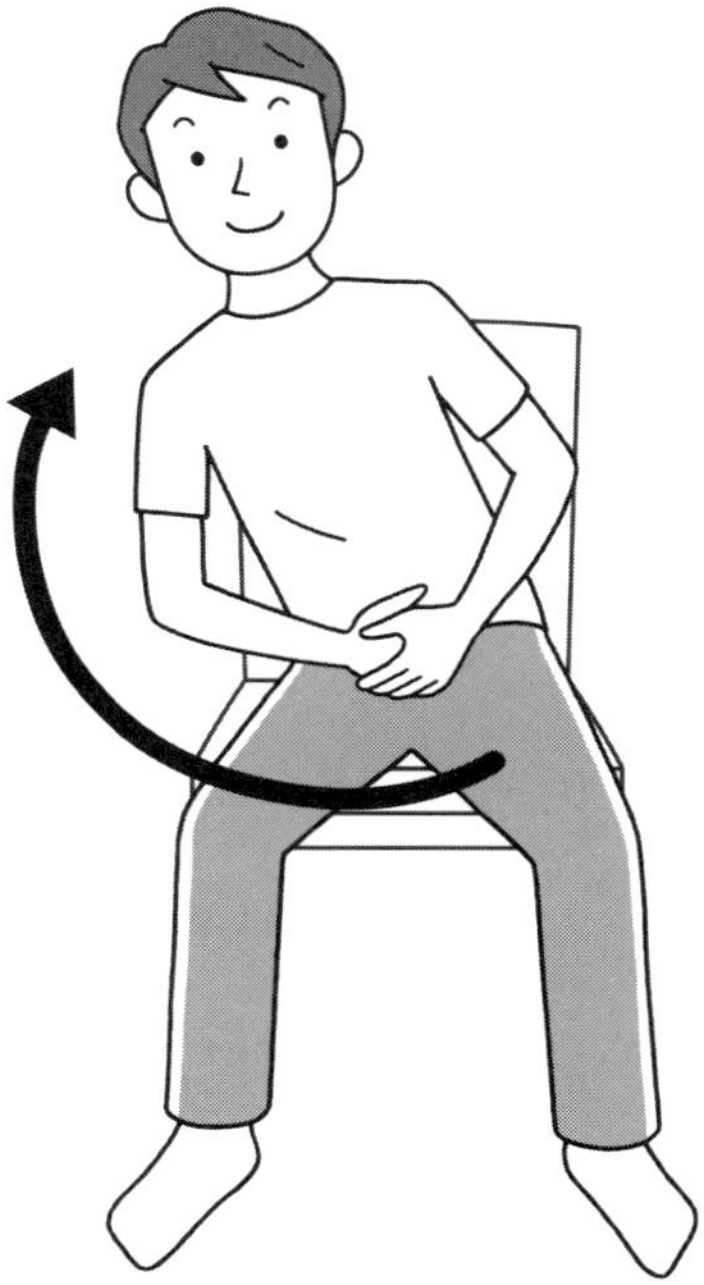

1

イスに浅く座り、両手を下腹部に置き、上半身をできるだけ大きく、ゆっくりと回す。目線は一点を見つめ、首が傾かないように注意する。

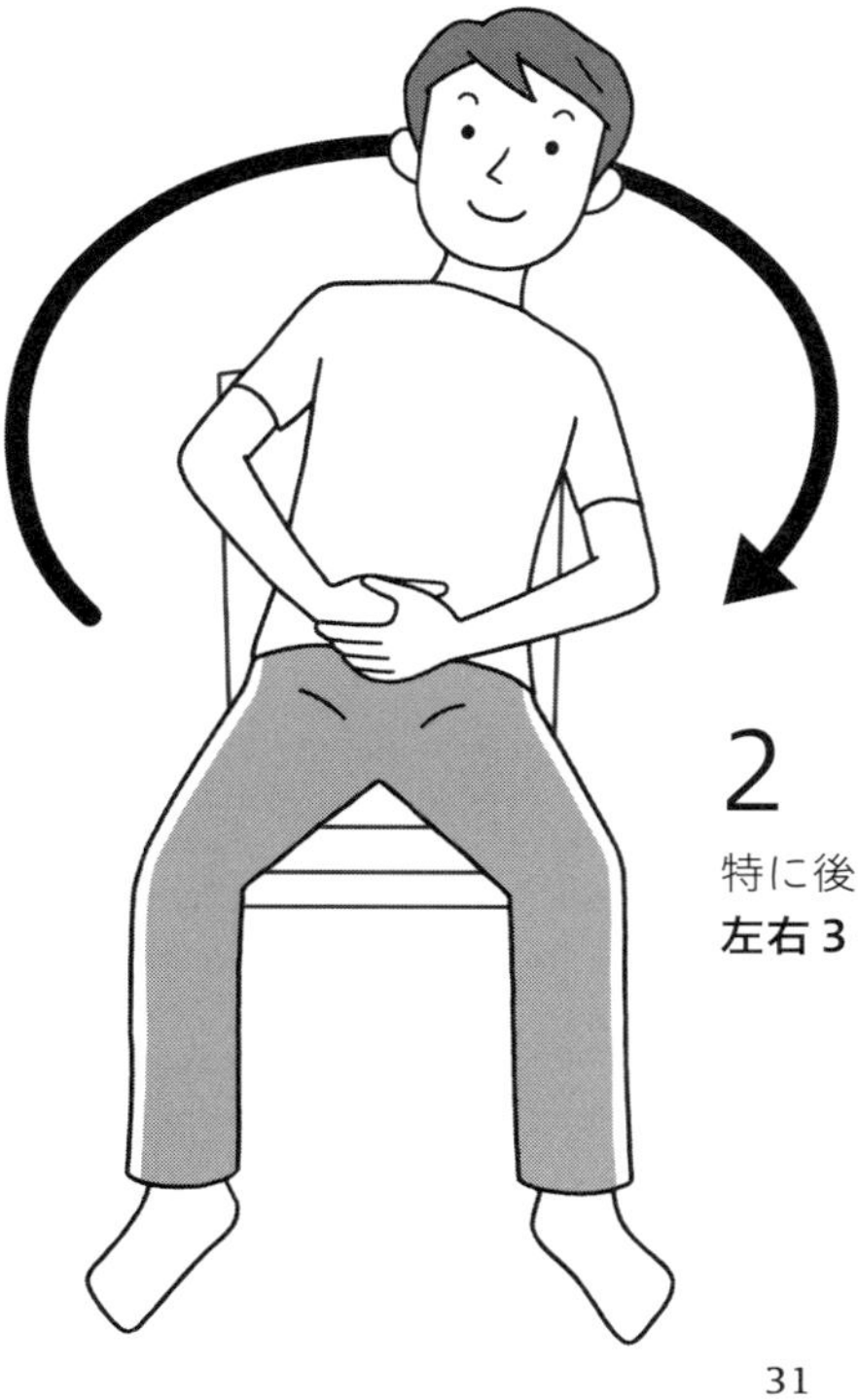

2

特に後ろに大きく回す。
左右3～5周ずつ行う。なるべくゆっくり。

ごろ寝もも上げ体操

1

仰向けに寝て、ひざを立てる。手は体の横に置く。

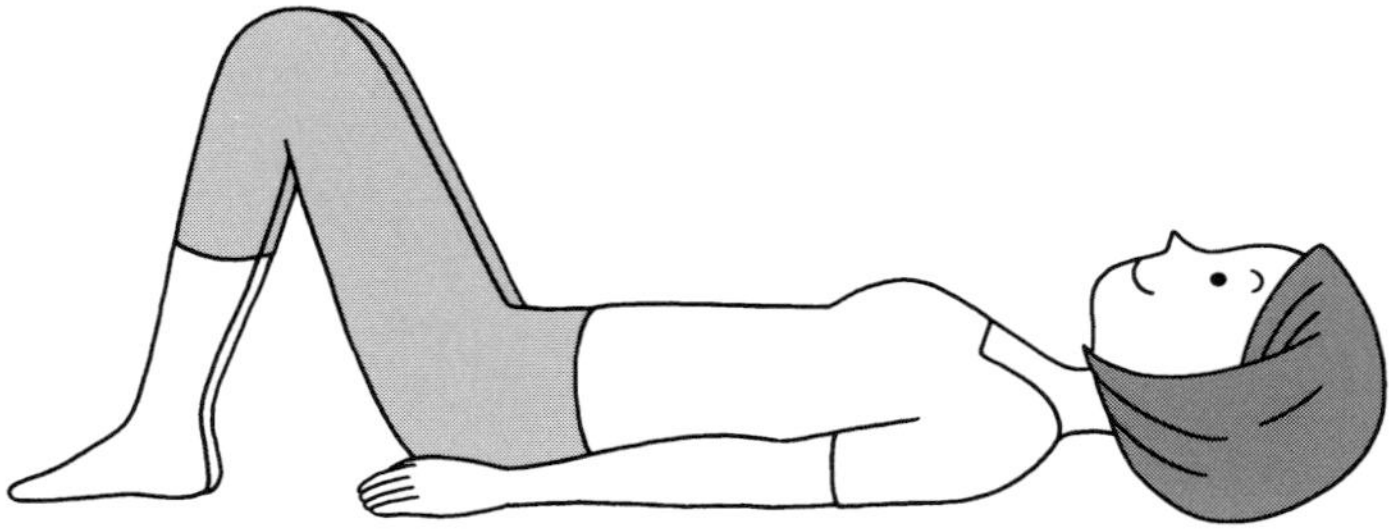

2

息を吐きながら、ゆっくりと太ももをお腹に近づける。
このとき、かかとは直角に。そのほうがお腹に力が入る。
息を吸いながら、ゆっくりと足を降ろす。
5～10回行う。

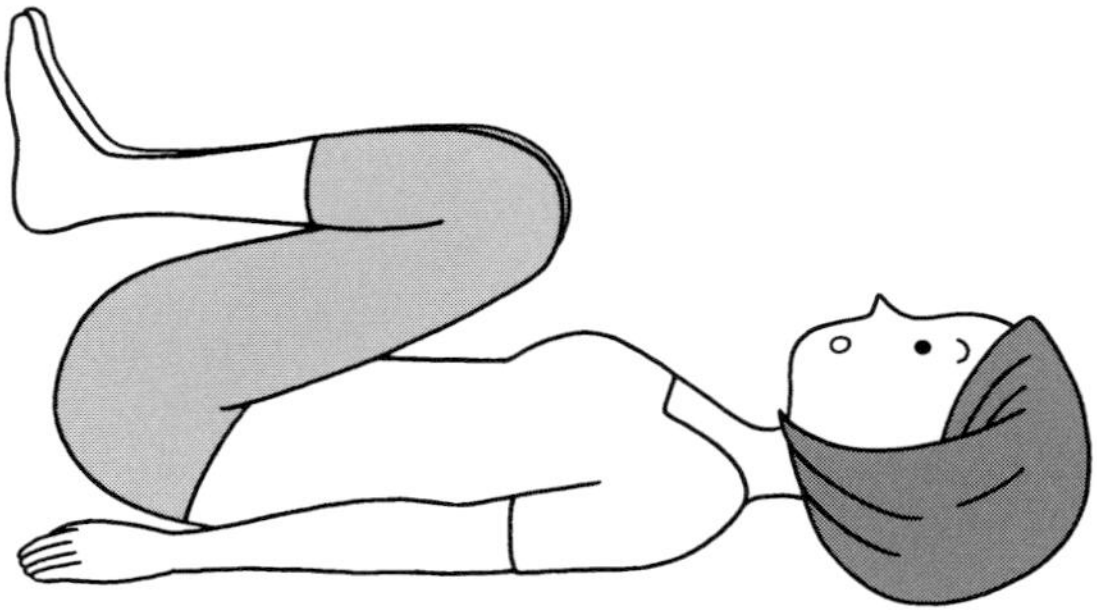

お尻プッシュ体操

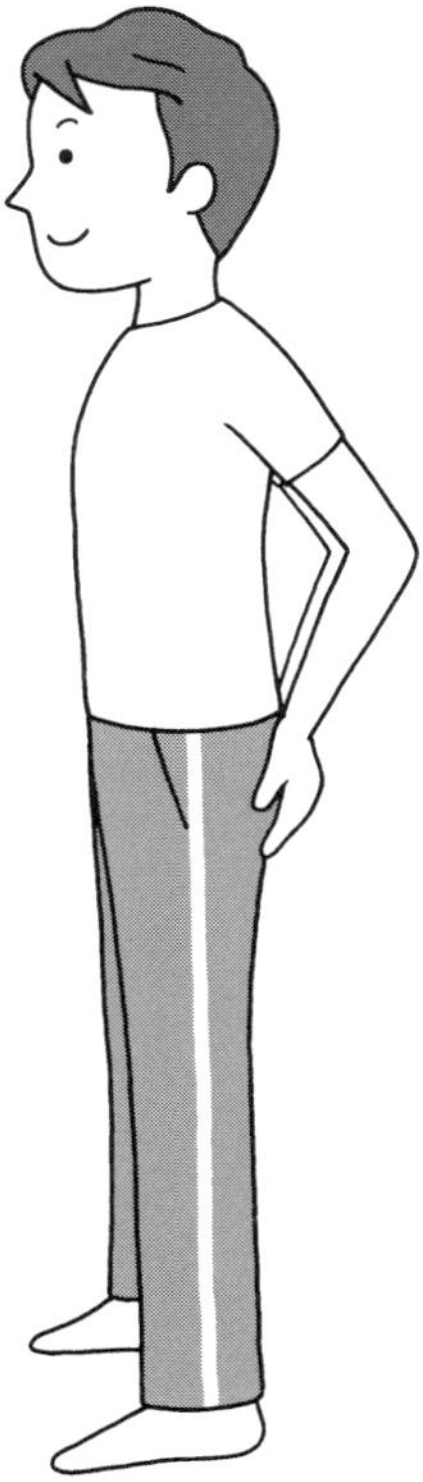

1

両足を肩幅に開いてまっすぐ立つ。
両手のひらをお尻に添える。

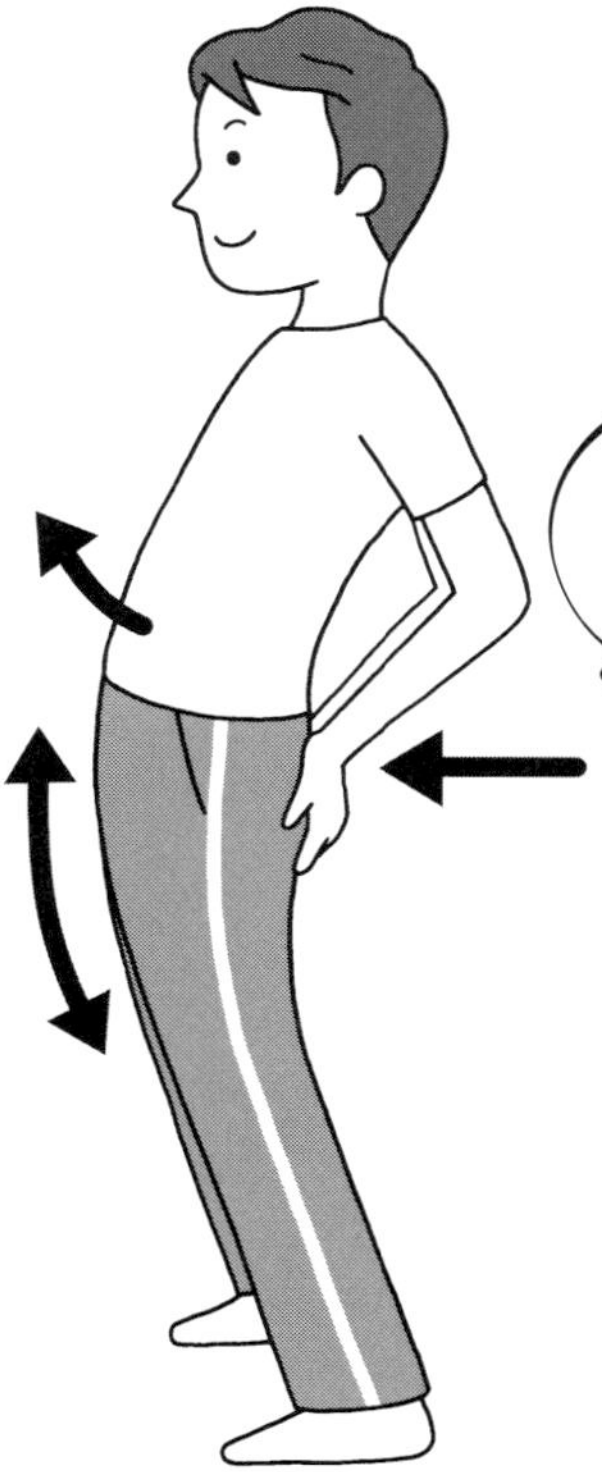

2

息を吸いながら、下腹部から太ももの付け根が伸びるように、お尻を両手で軽く押す。
腰をそらすのではなく前に押し出し、おへそを天井に向けるように意識する。
この体勢で**3～5秒保ち**、息を吐きながらゆっくり元の姿勢に戻る。
5～10回行う。

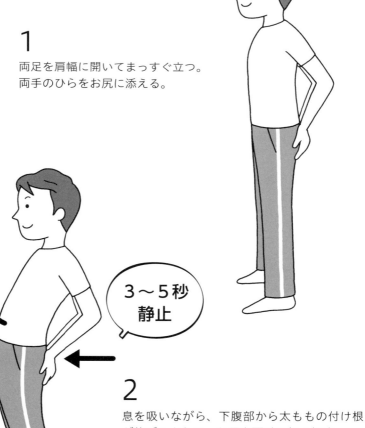

脇腹

普通の生活だと、動くことが少ない脇腹。とても硬くなっている人がたくさんいます。両脇を伸ばしたり、ひねったりして、肋骨の間を広げ、脇腹の筋肉をゆるめて柔らかくしていきましょう。脇腹を動かすことで、その奥にある大腰筋も一緒に動き出します。

背骨横曲げ体操

1
背筋を伸ばして座り、
頭の後ろで手を組む。

2
息を吐きながら、右の脇腹を伸ばすことを意識して、体を左にゆっくり倒す。このとき背中が丸まらないように注意する。
息を吸って元の姿勢に戻り、息を吐きながら反対側も同様に行う。
3～5回行う。

三日月シェー体操

1

まっすぐに立って、左手を上、右手を下にして“シェー”のポーズをとる。

2

息を吐きながら、ゆっくりと左手を右に、右手を左にできるだけ伸ばし、腰は左に押し出す。

このとき、縮んでいる右の脇腹を意識する。

顔はまっすぐ正面に。

体が前や後ろに倒れないように注意する。

この体勢を**3秒保ち**、息を吸いながら元の姿勢に戻る。

左右交互に3～5回ずつ。

寝たまま三日月体操

1

仰向けに寝て、両手を頭の上に伸ばす。
右手首を左手でつかみ、左足を右足の上に乗せる。

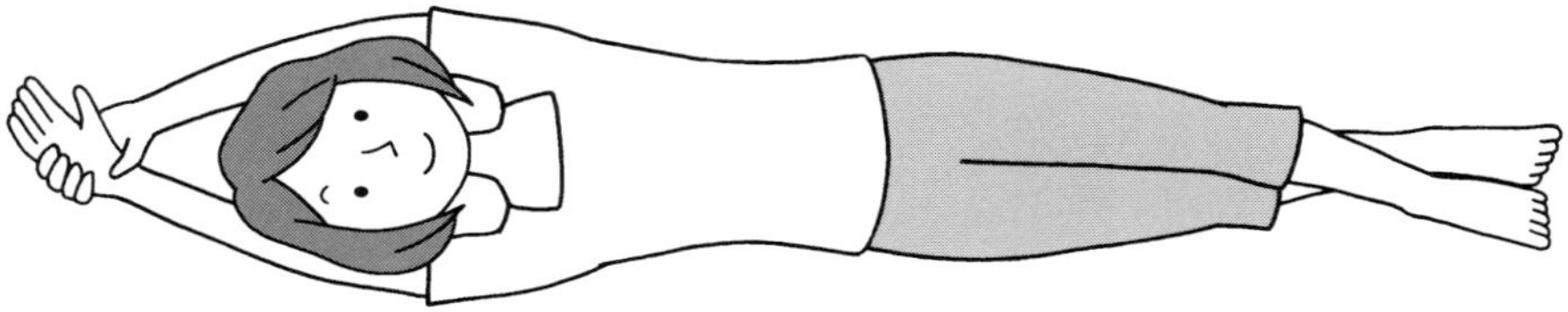

2

体で三日月を描くように、右の脇腹を伸ばす。
自然に呼吸しながら、この体勢を **30 秒保つ**。
同様に反対側も行う。
左右それぞれ 1 回ずつ行う。

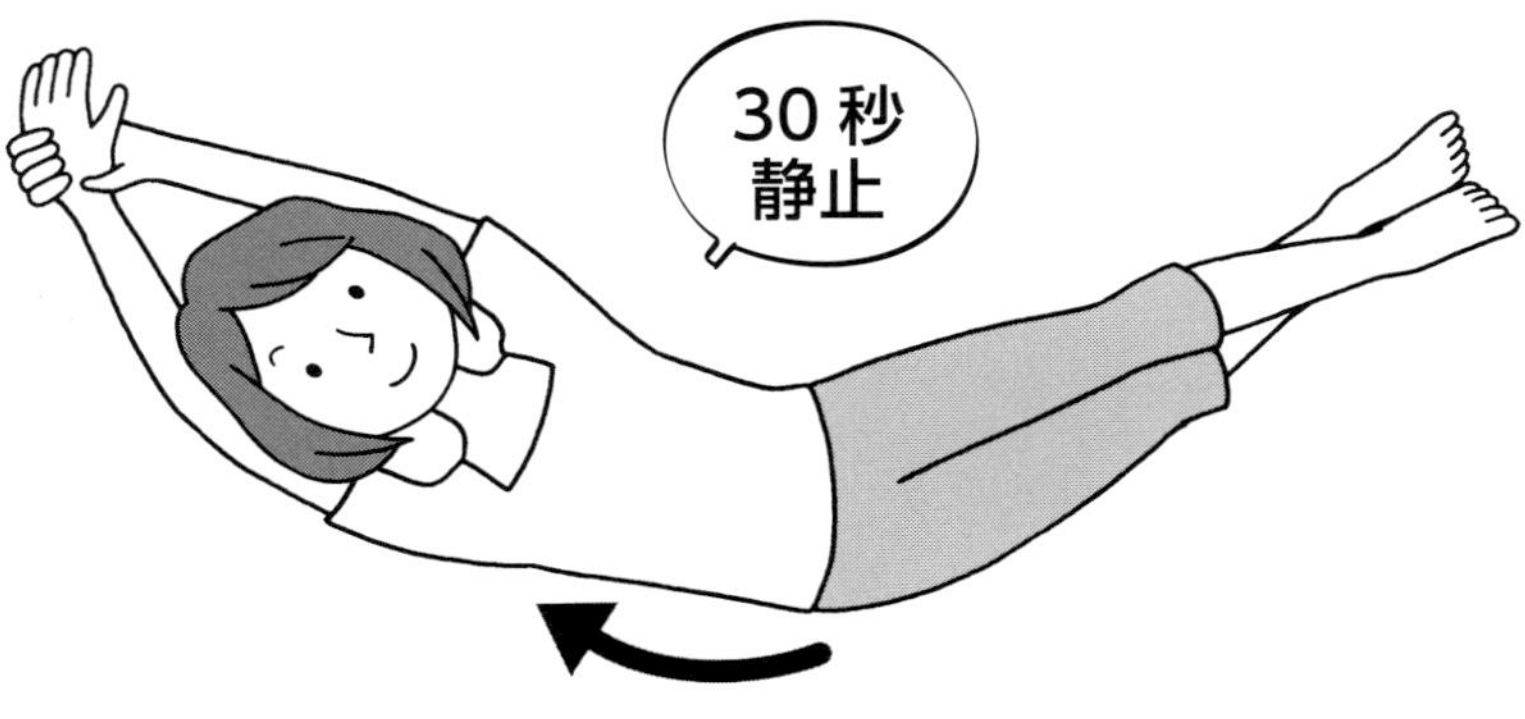

うつ伏せひねり体操

1

うつ伏せに寝て、ひじをついて上半身を持ち上げる。
左足のひざを**90度**に曲げる。

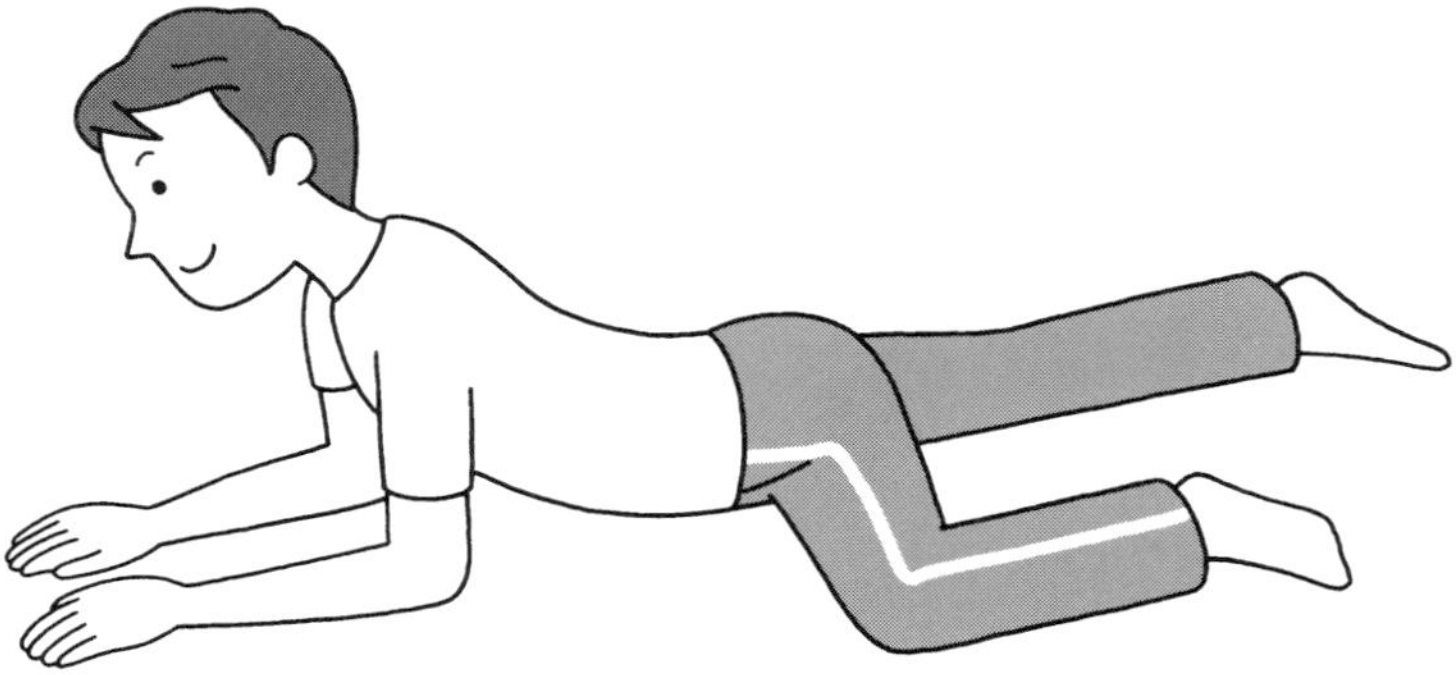

2

上半身をゆっくりと左にひねる。
腰が浮かないように注意する。
自然に呼吸しながら、この体勢を**20～30秒保つ**。
左右それぞれ2～3回ずつ行う。

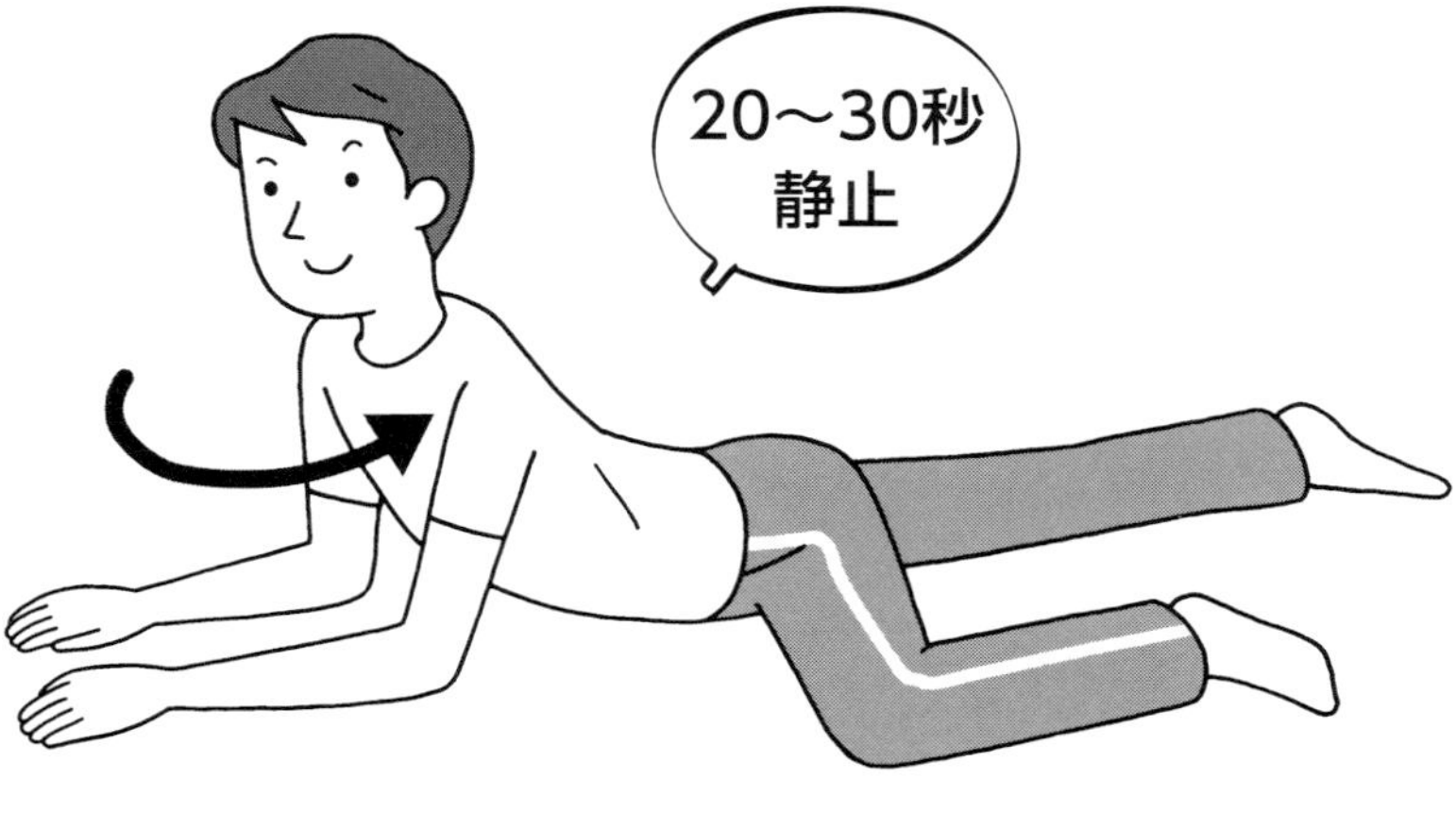

背中

背中は、いくつもの大きな筋肉でできています。いろいろな方向でそれぞれの筋肉が伸び縮みする体操を行うことで、大腰筋と一緒に鍛えます。背中が丸まるということは、背筋が伸びきっているということ。特に背筋を縮める動きを意識しましょう。

腕ねじり体操

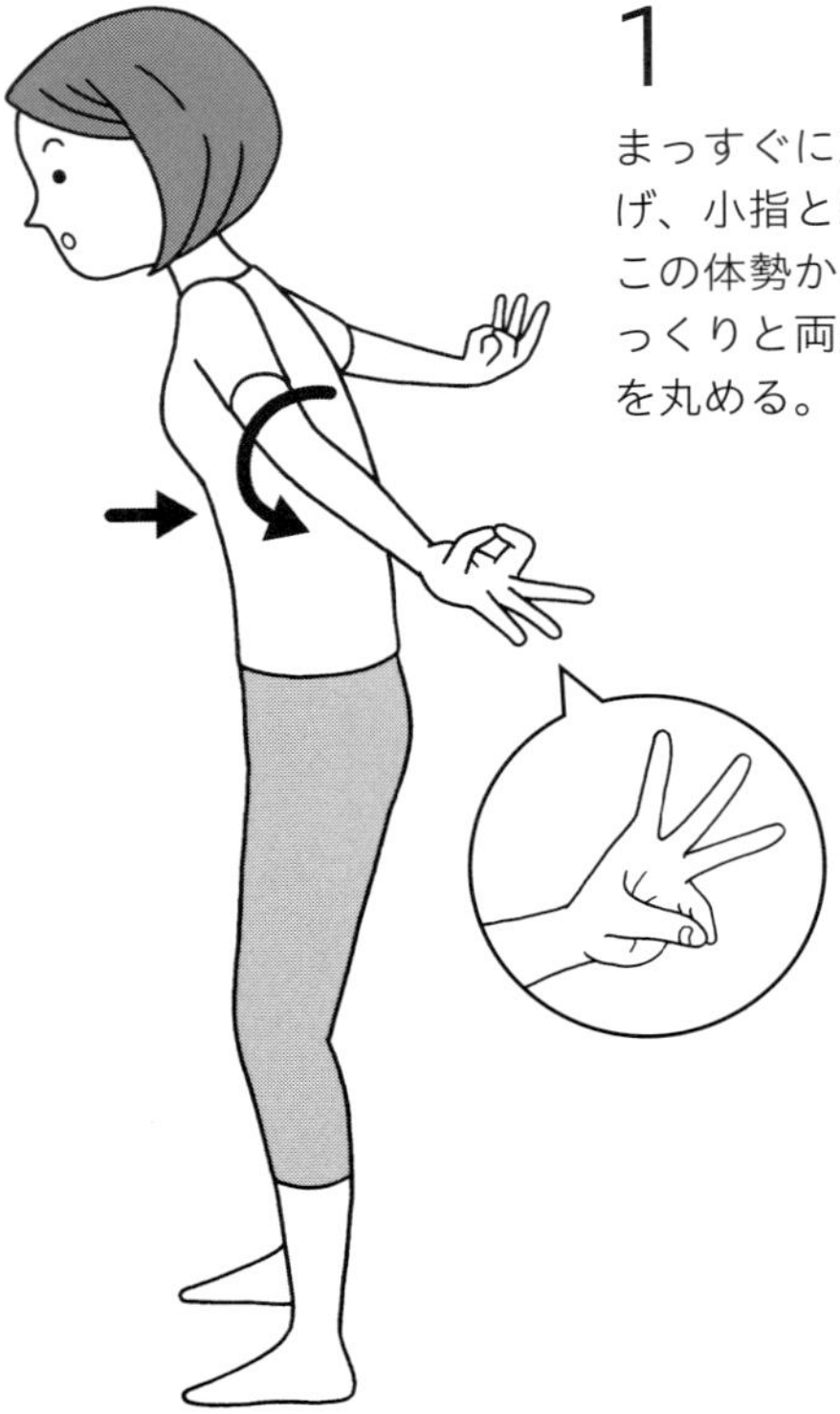

1

まっすぐに立って、両手を真横に広げ、小指と親指で輪を作る。
この体勢から、息を吐きながら、ゆっくりと両腕を前にねじって、背中を丸める。

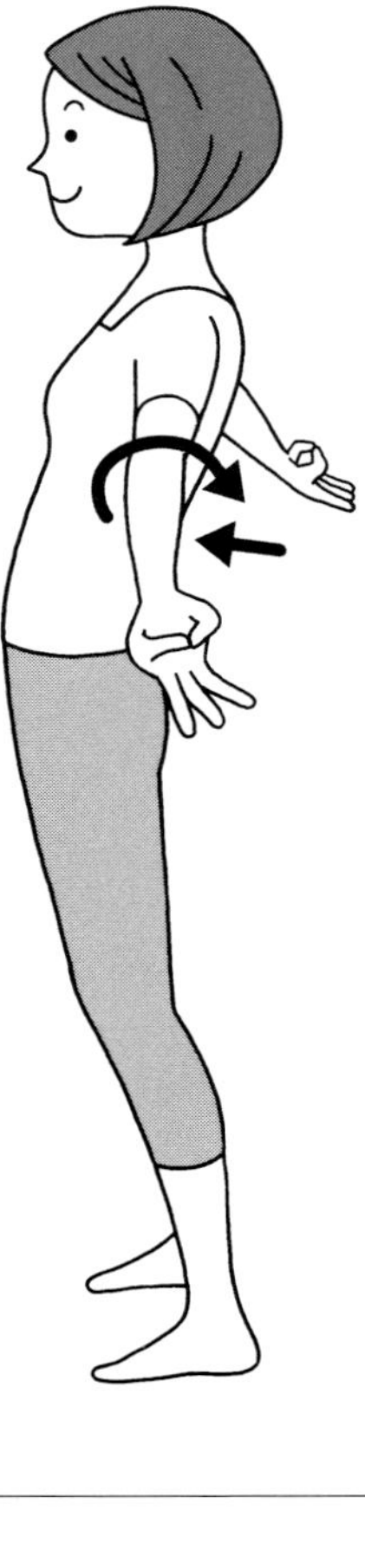

2

息を吸いながら、ゆっくりと両腕を後ろにねじって、背中をそらせる。
1と2を、**5～10回**繰り返す。

ひじ打ち体操

1

まっすぐに立って、両手を前に伸ばし、親指を下に手のひらを外に向ける。

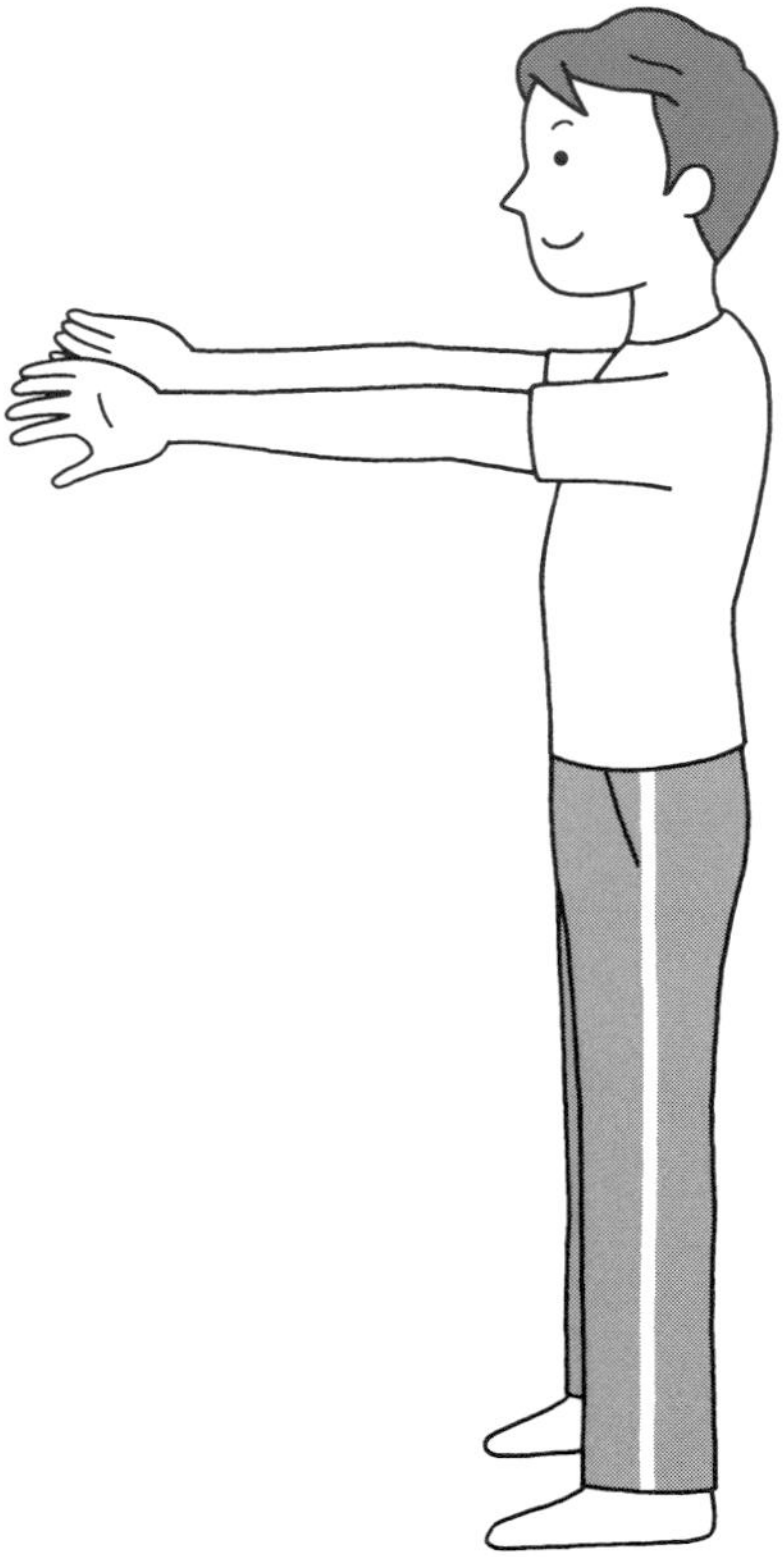

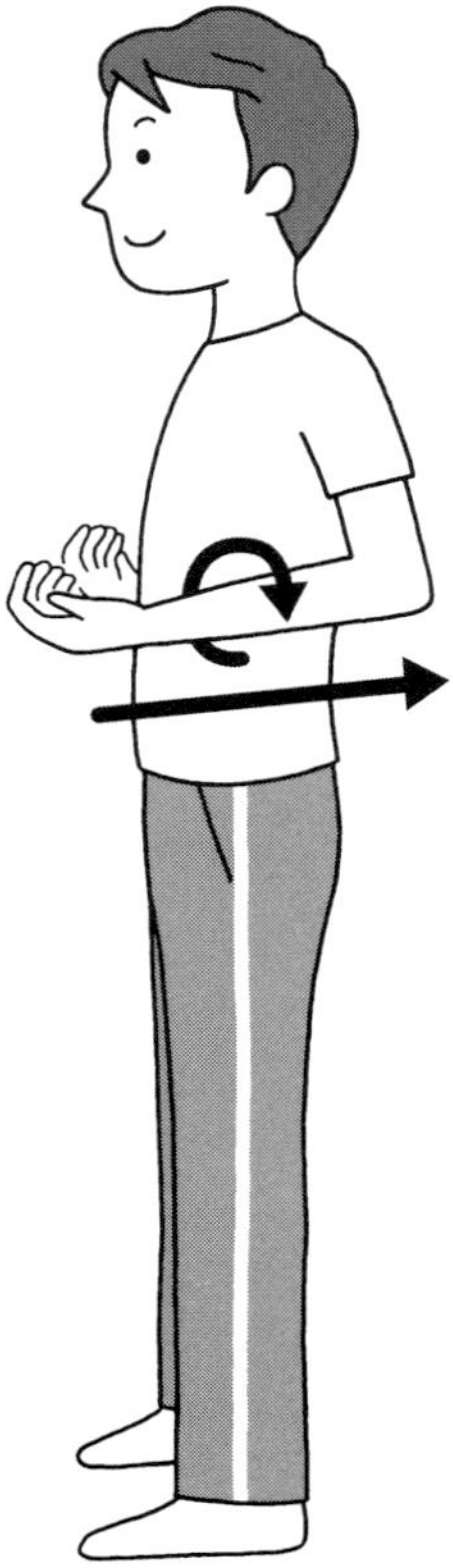

2

手のひらを上に向けるようにひねりながら、ひじをグッとひく。
１と２を、ひじ打ちするように、リズミカルに**１分**ほど行う。

腕返し体操

1

両足を肩幅に開き、まっすぐに立つ。
腕をまっすぐに伸ばして、両手を組む。

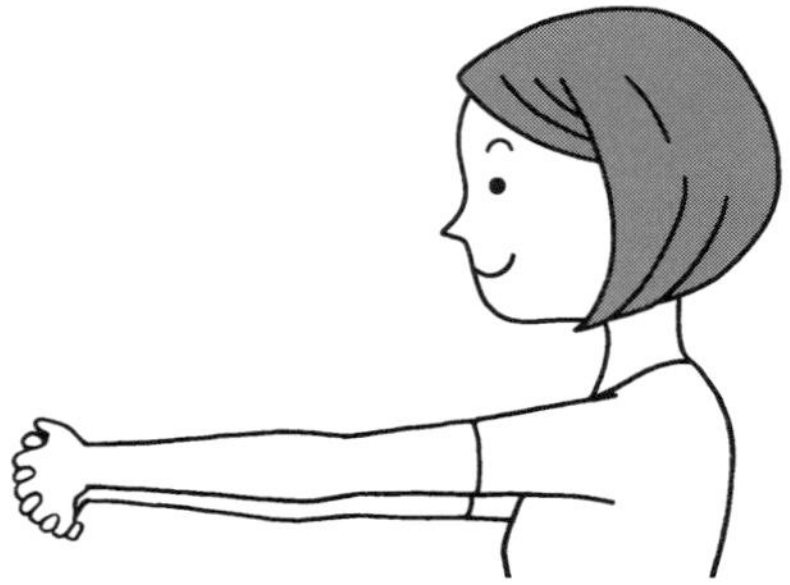

2

小指が上を向くように手のひらを返しながら、
腕を前に押し出して背中を丸める。
背中が気持ちよく伸びているのを感じながら、
自然な呼吸でこの体勢を
3～5秒保つ。

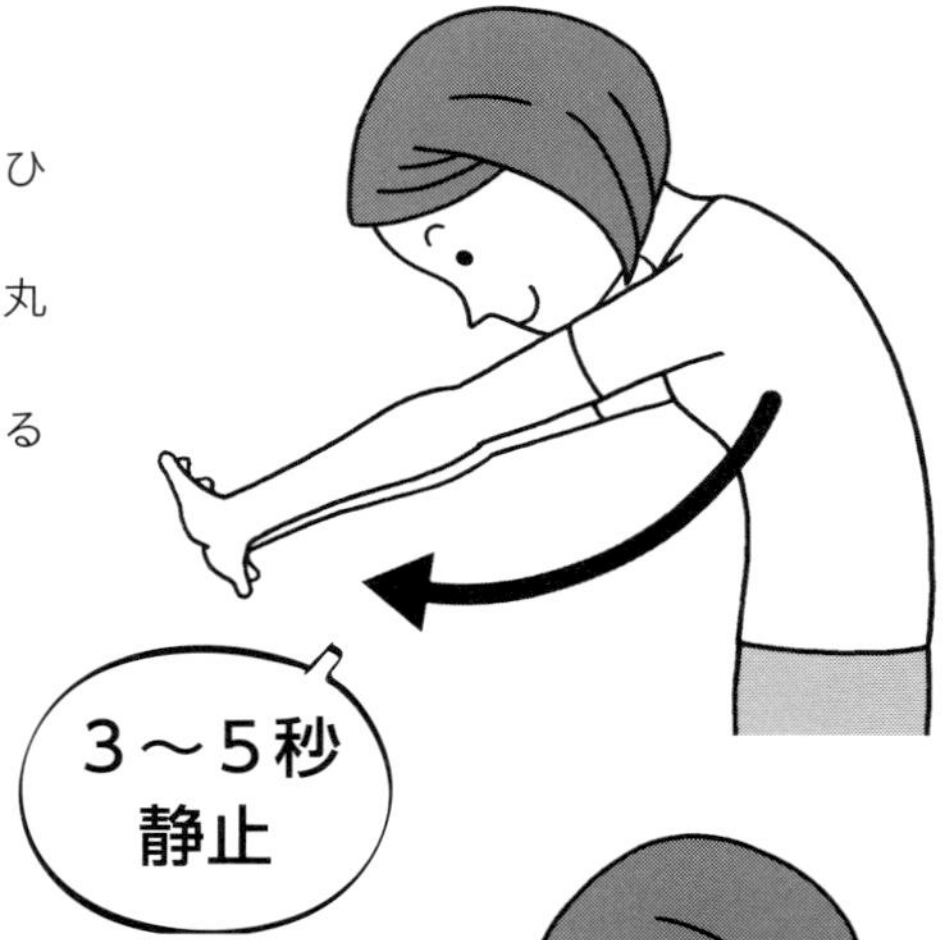

3

次に親指が上に向くように手のひらを戻しながら、
腕を体に近づけ、背中を軽くそらす。
２と３を、**10回**繰り返す。

猫の伸び縮み体操

1

四つんばいになり、息を吐きながら、背中をゆっくりと丸める。
おへそのあたりをのぞき込むように。

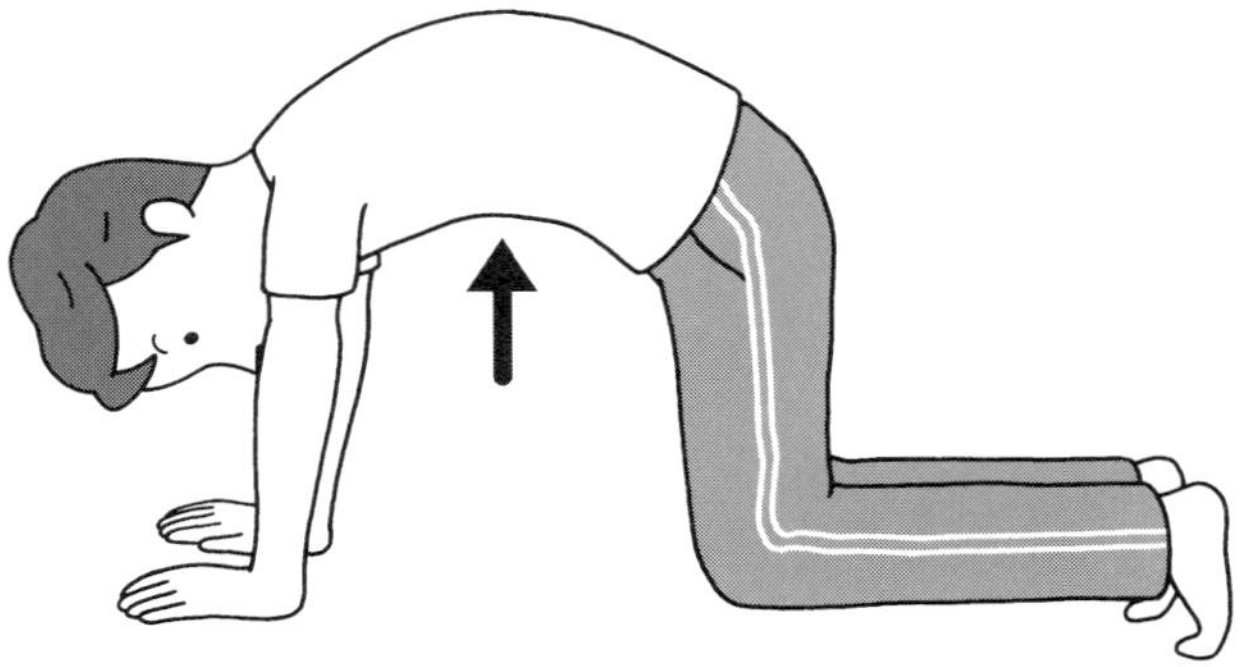

2

息を吸いながら、背中をゆっくりとそらす。
みぞおちを正面に向けるイメージで。
1と2を、**3～5回**繰り返す。

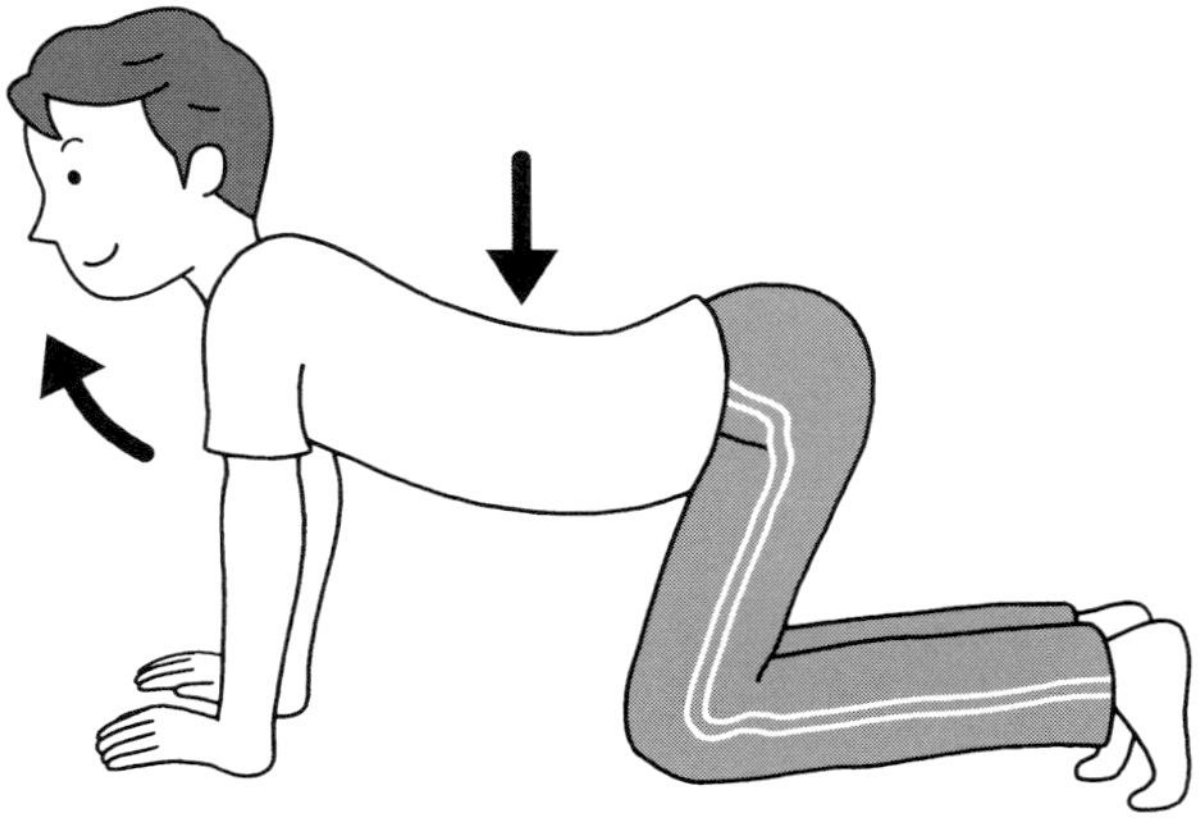

二の腕

二の腕のたるみと深く関係しているのが、実は小指。小指の筋肉を意識して使えば、筋膜でつながっている二の腕の筋肉も収縮します。ひねりのある動きを加えることで、大腰筋から背中の筋肉までが一緒に動き出し、二の腕が引きしまり、体芯力もついてきます。

小指にぎり体操

体の前に、腕を直角に上げる。

小指、薬指、中指、人差し指の順番にゆっくり握りながら、腕を前方にまっすぐ伸ばす。

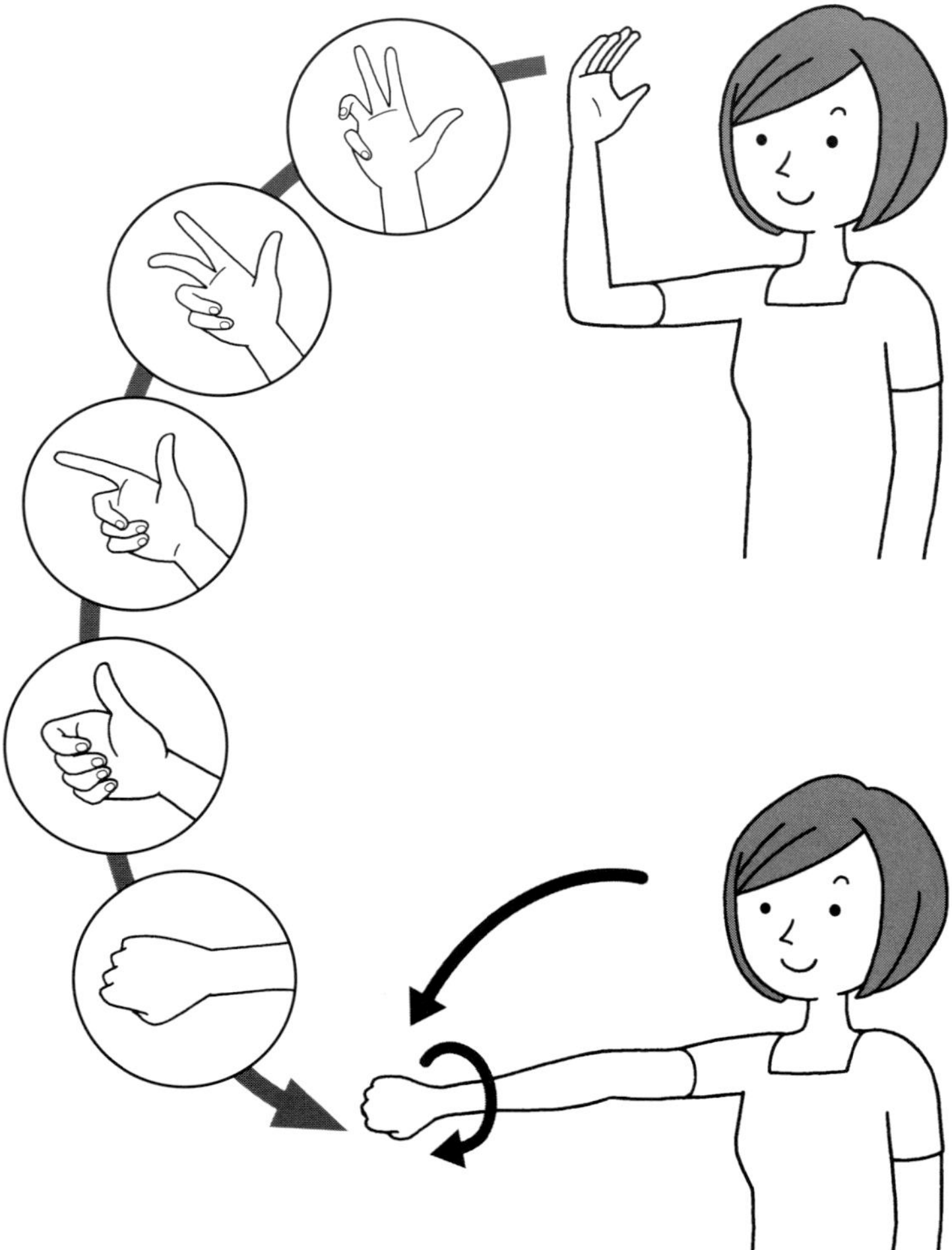

最後に手首を内側にねじる。
このときに、小指と薬指を特に強く握る。
左右それぞれ 10 回ずつ。

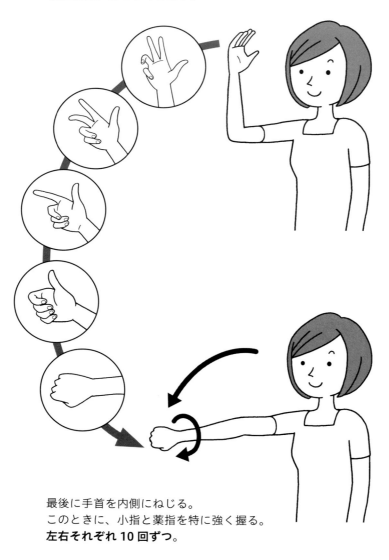

交互腕ねじり体操

1

両手を真横に広げて、
小指と親指で輪を作る。
右腕と右腰を前にひねり、
左腕と左腰を後ろにひねる。
このとき、右の肩を前に
グッと押し出す。

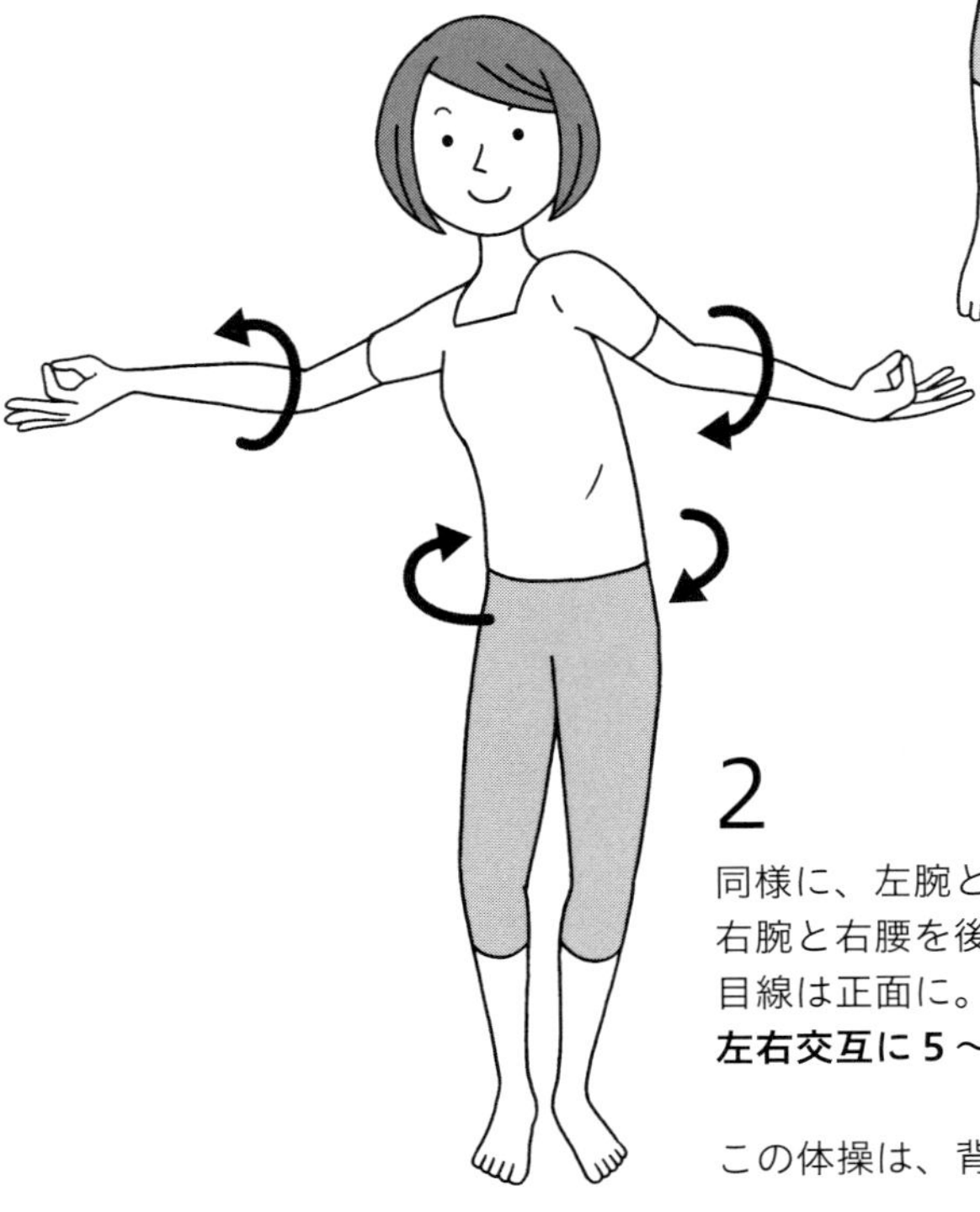

2

同様に、左腕と左腰を前にひねり、
右腕と右腰を後ろにひねる。
目線は正面に。
左右交互に 5 ～ 10 回ずつ。

この体操は、背中も同時に引きしめられる。

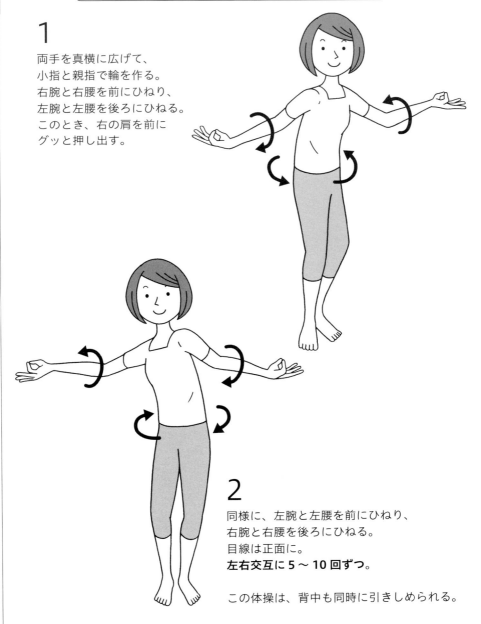

お尻

股関節を開く閉じる、回すなどの動きで、お尻の筋肉を全体的に使う体操。特に動きにくいお尻の上半分の筋肉は、股関節を回すことでじっくりゆるめていきます。股関節が動けば、そこにつながっている大腰筋や背骨にも、しっかり刺激が届きます。

足の開いて閉じて体操

1

イスに浅く座り、肩幅より広めに足を開き、つま先をあげる。
かかとを支点にして、両ひざをグッと開く。

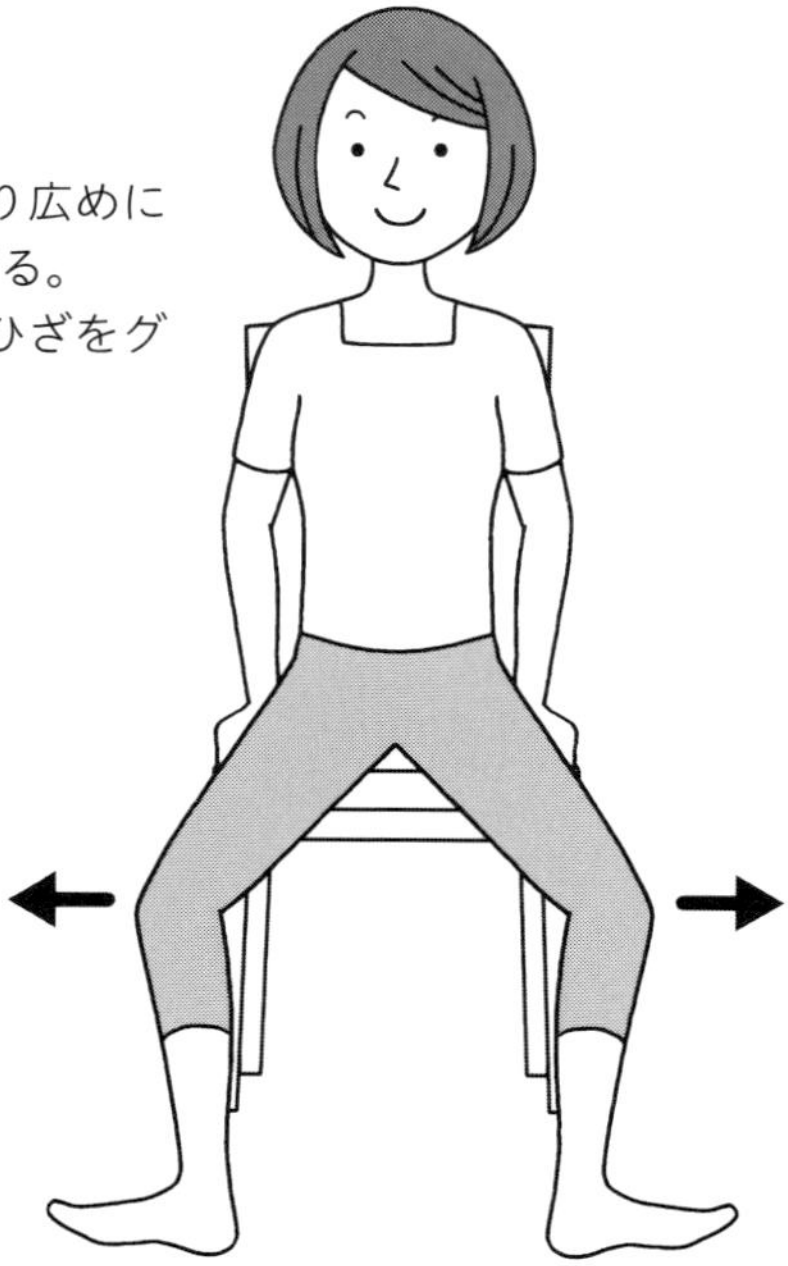

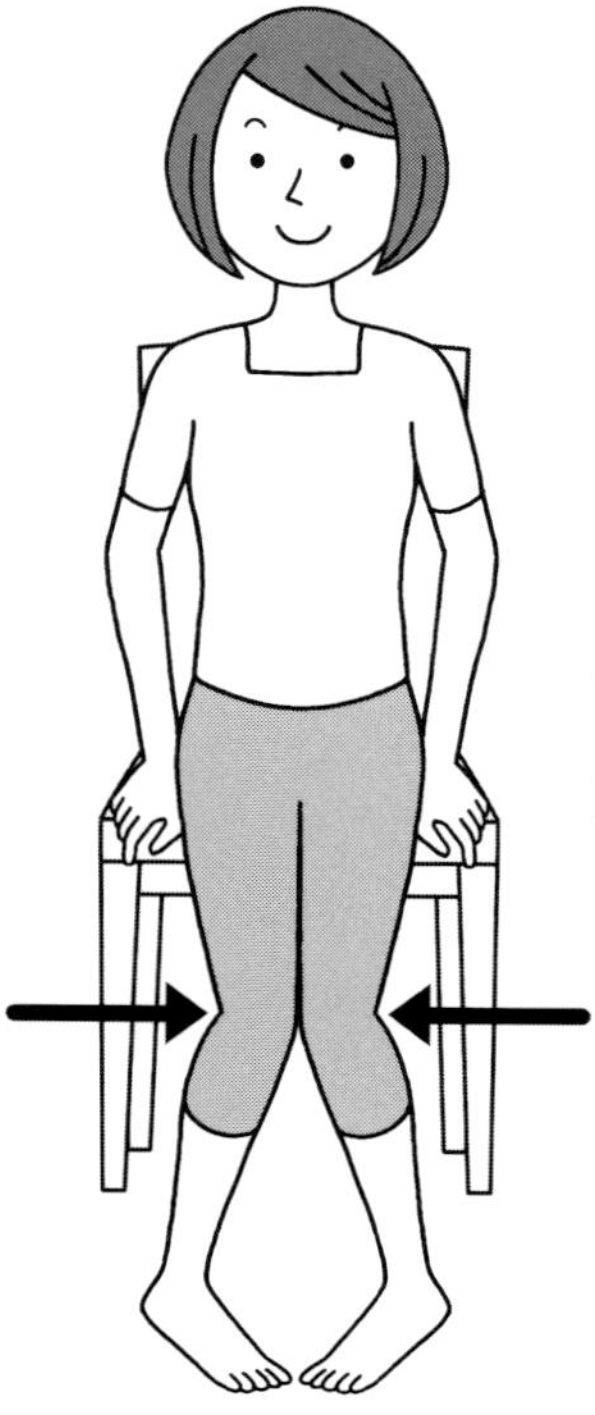

2

次に、グッと内股になるように閉じる。
1と2を、できるだけゆっくり、**10回**繰り返す。

腰割り体操

1

足を広めに開いて立つ。つま先は斜め外側に
向ける。手は股関節に置く。

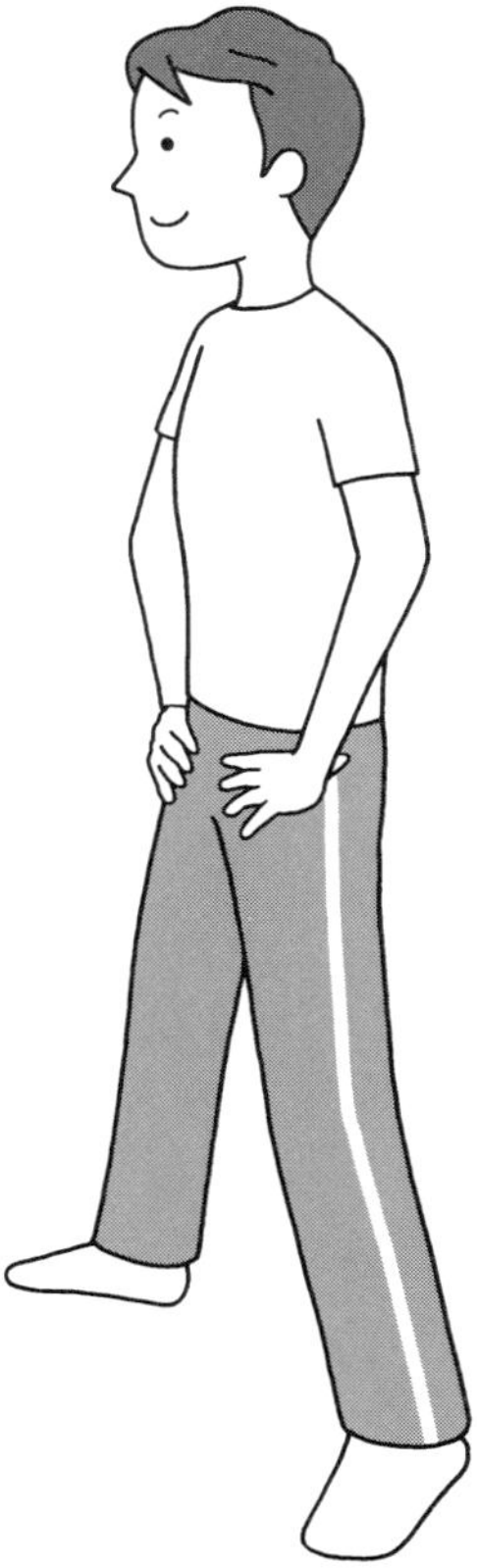

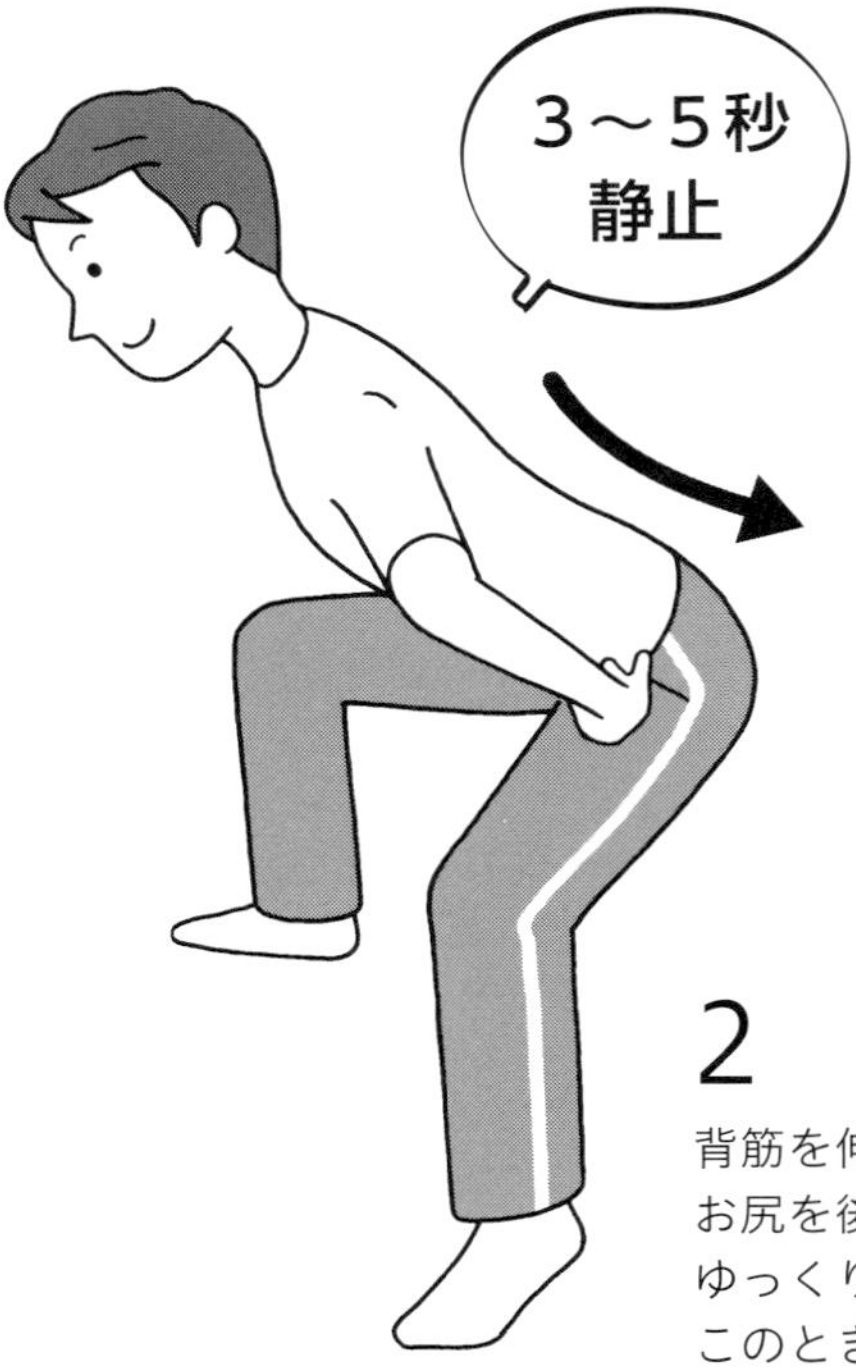

2

背筋を伸ばしたまま、ひざを外側に向けて、
お尻を後ろに引くように、
ゆっくりと腰を落とす。
このとき、上半身を前に倒しすぎて、頭が
下がらないように注意。
無理のないところまで腰を落としたら、
その体勢を**3～5秒間**保つ。
5～10回行う。

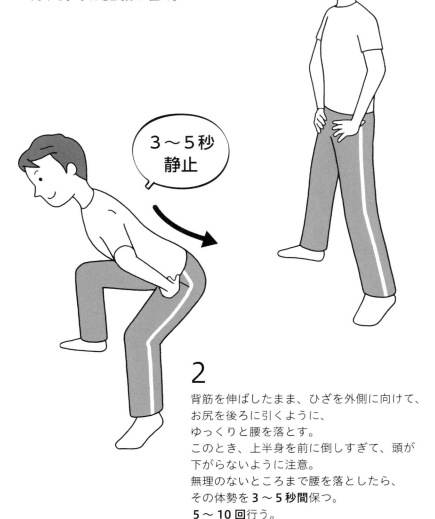

仰向けモジモジ体操

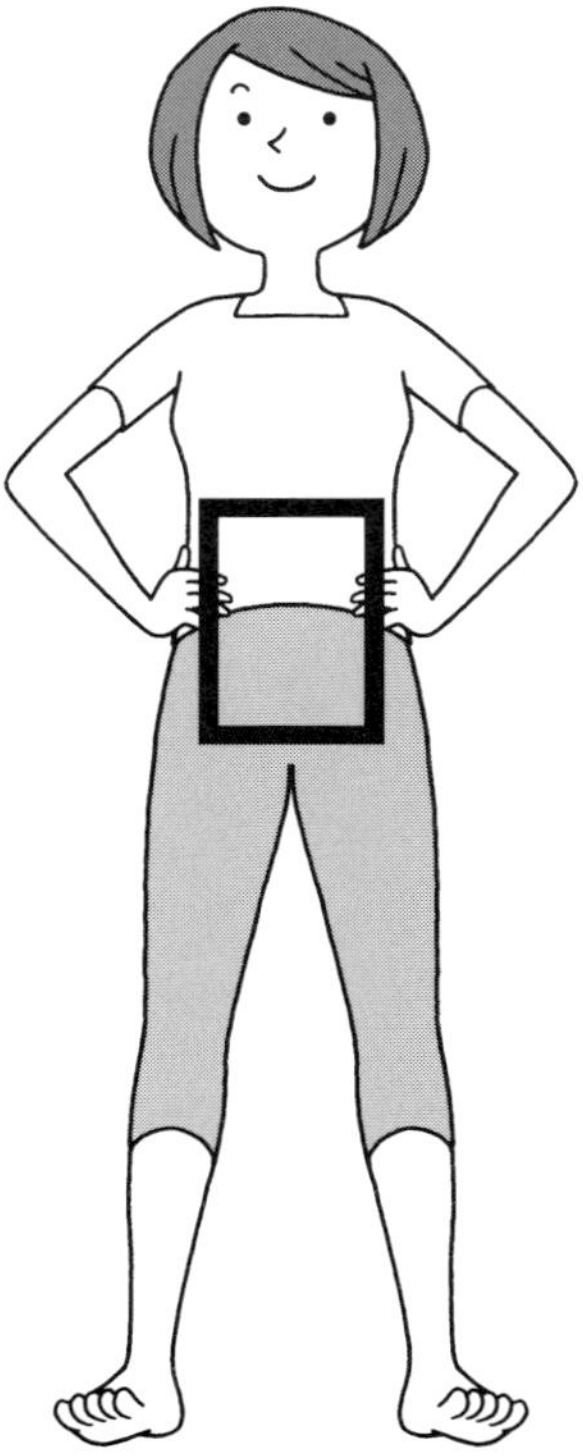

1

仰向けに寝て、腰に手を当てる。

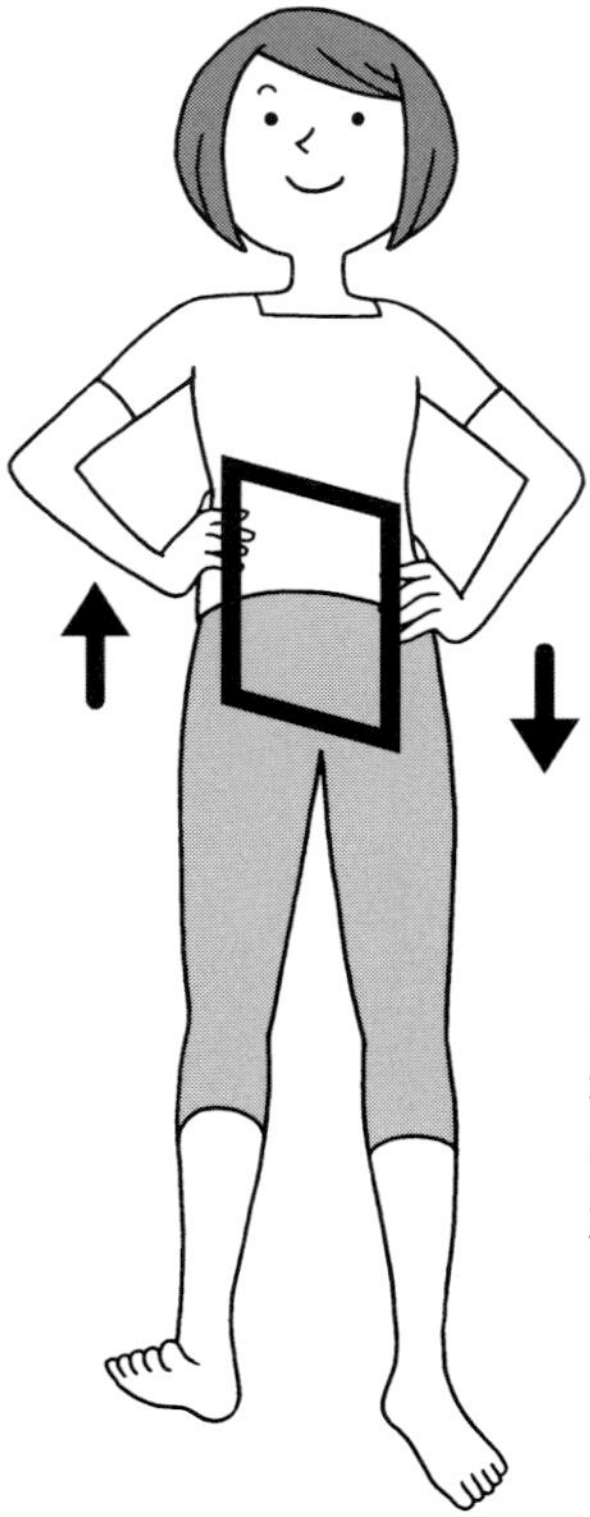

2

右の腰を上に引き上げ、左の腰を下に引き下げる。
骨盤を正方形からひし形にするイメージで。
左右交互に、**10 ～ 20 回**繰り返す。

片ひざの開いて閉じて体操

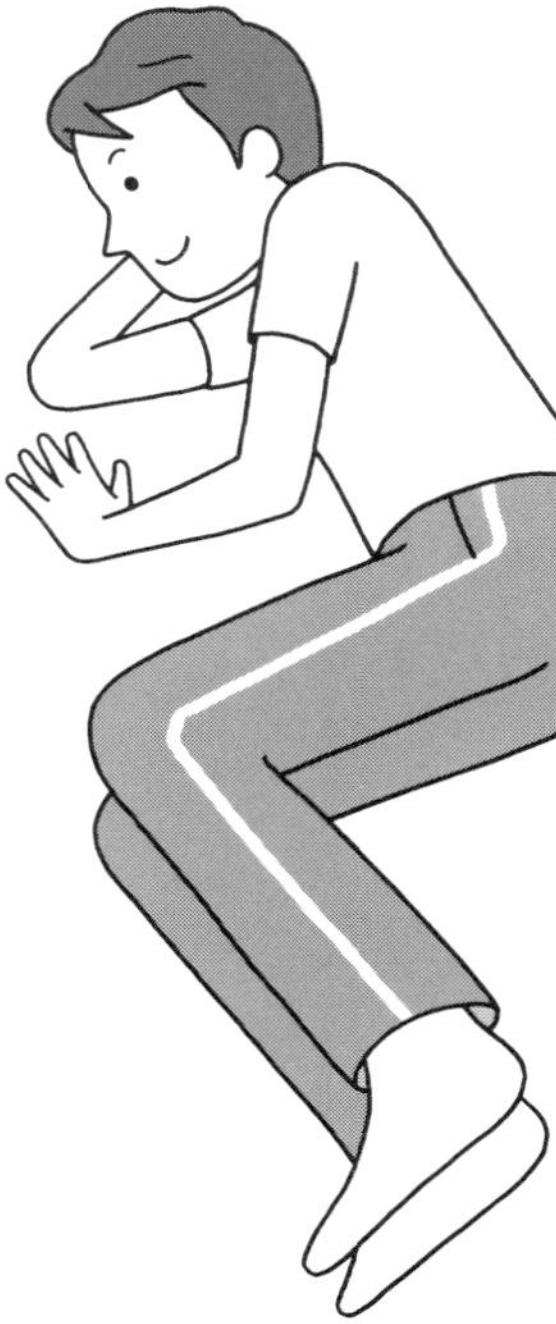

1
腕を枕にして、横向きに寝る。
もう一方の手は、体の前に置く。
両足をそろえて、ひざを直角に曲げる。

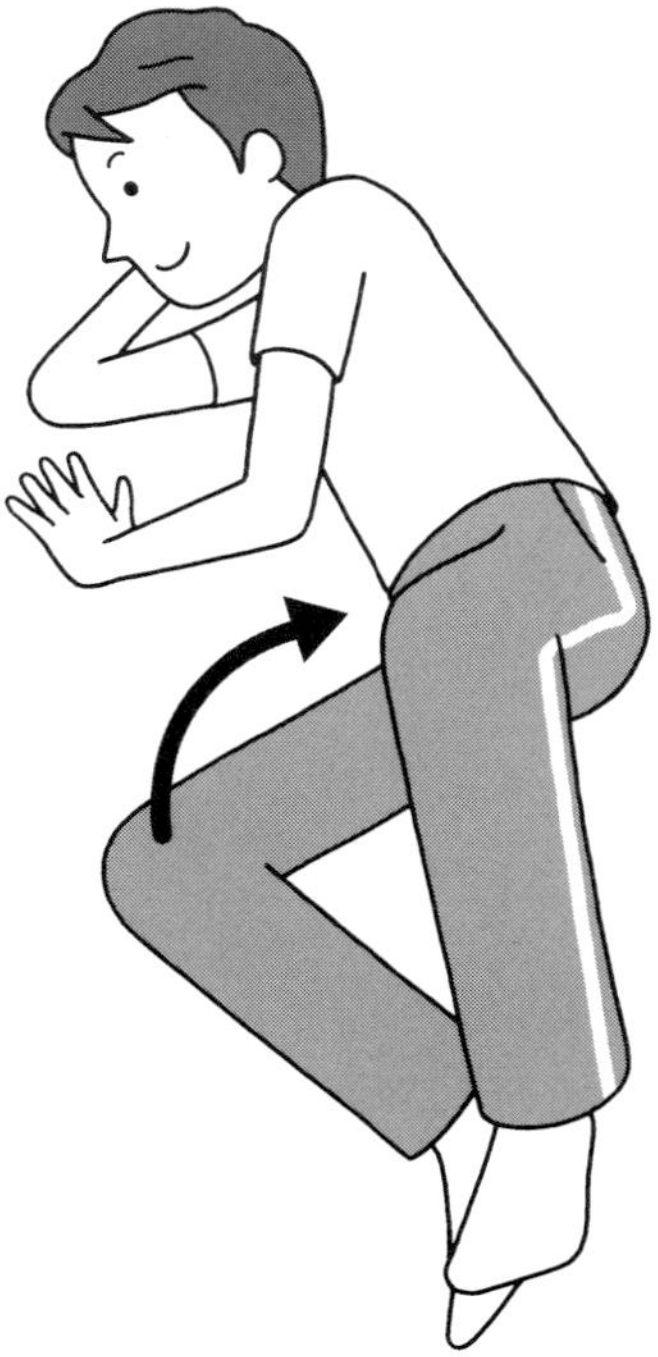

2
ゆっくりと、上の足のひざを開いて天井に向け、
ひざを閉じて元の位置に戻る。
上半身が後ろに開かないように注意する。
左右それぞれ、10回繰り返す。

太もも

太ももの筋肉は、大きく分けると、前、後ろ、外側、内側に分かれます。それぞれの筋肉を動かす4つの体操で、引きしめていきましょう。足を動かすときは、骨盤の動きやみぞおちあたりの筋肉を意識することで、より体芯力がつく動きになります。

片足付け根伸ばし体操
（前ももをゆるめる）

1

片足を一歩前に踏み出し、両手の手のひらをお尻に添える。

2

息を吸いながら、後ろの足の太ももの付け根が伸びるように、両手のひらでお尻を前に軽く押し出す。

おへそを天井に向けるように意識する。

この体勢を**3～5秒保ち**、息を吐きながら、ゆっくりと元の体勢に戻る。

左右それぞれ、3～5回行う。

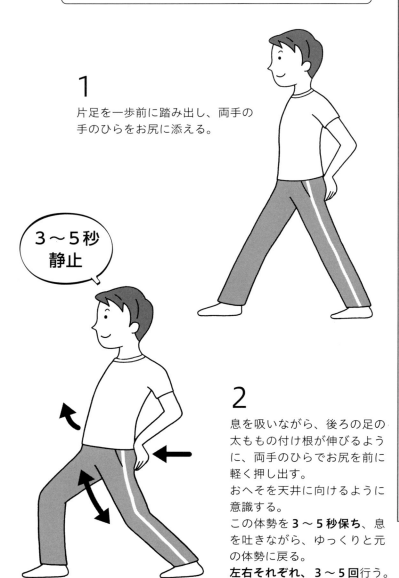

前屈ひざ曲げ伸ばし体操
（後ろももをゆるめる）

できるだけ背筋を伸ばしたまま前屈して、
ゆっくりとひざを曲げたり伸ばしたりする。
手は、すねからひざの間で、無理なく届くところに置く。
3～5回繰り返す。

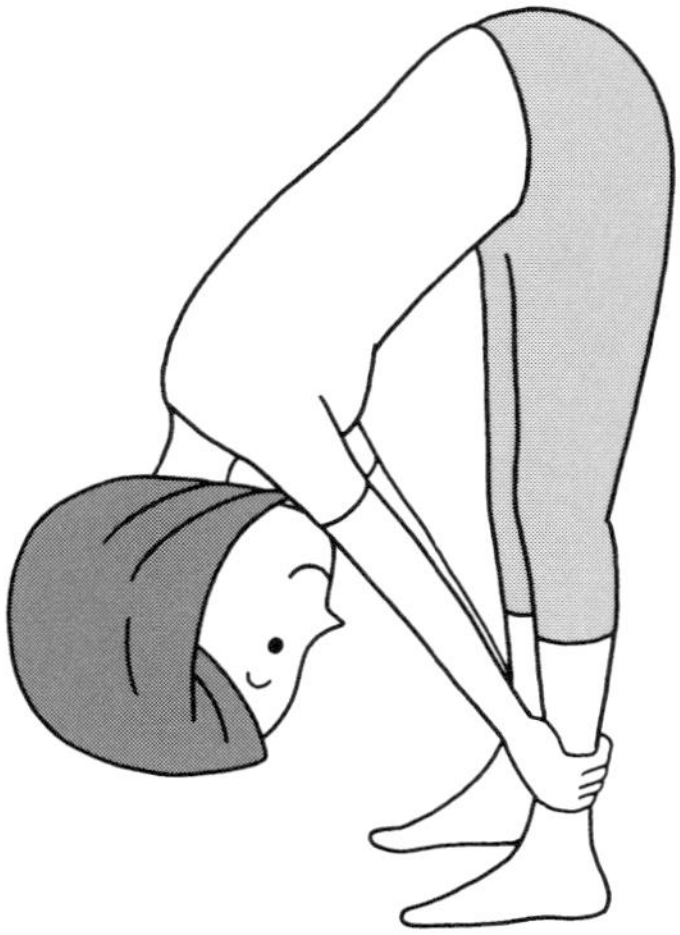

内もも伸ばし体操
（内ももをゆるめる）

1

足をできるだけ大きく開いてイスに浅く座り、
やや前傾姿勢で、手をひざに置く。

5秒静止

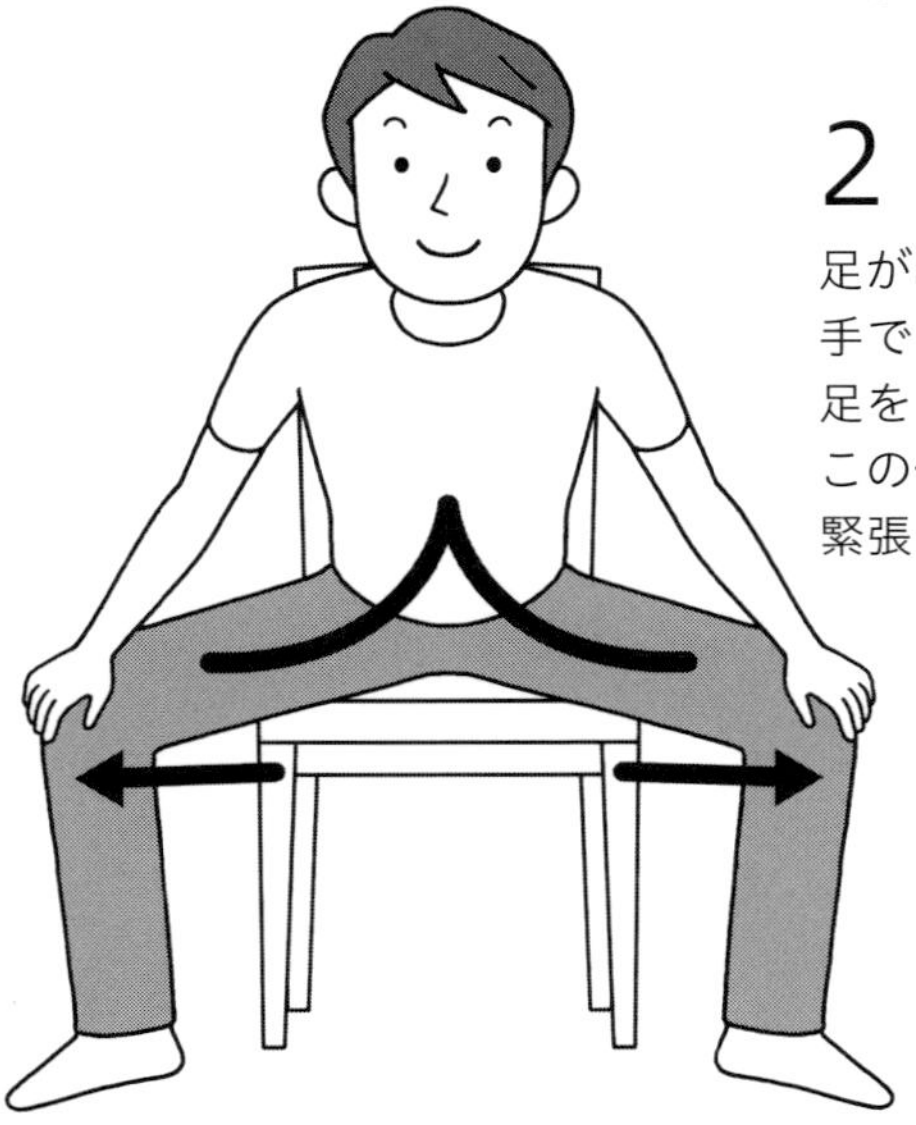

2

足がみぞおちからはえているイメージで、
手でひざを押して、
足をグッと開き、胸を張る。
この体勢を**5秒保ち**、体の力を抜く。
緊張とリラックスを5秒ずつ、**5回**繰り返す。

足のワイパー体操
（外ももをゆるめる）

足を肩幅より大きく広げて、仰向けに寝る。
足首を直角にして、つま先を開いたり閉じたりする。
骨盤から足全体を回転させるイメージで。
10 ～ 20 回繰り返す。

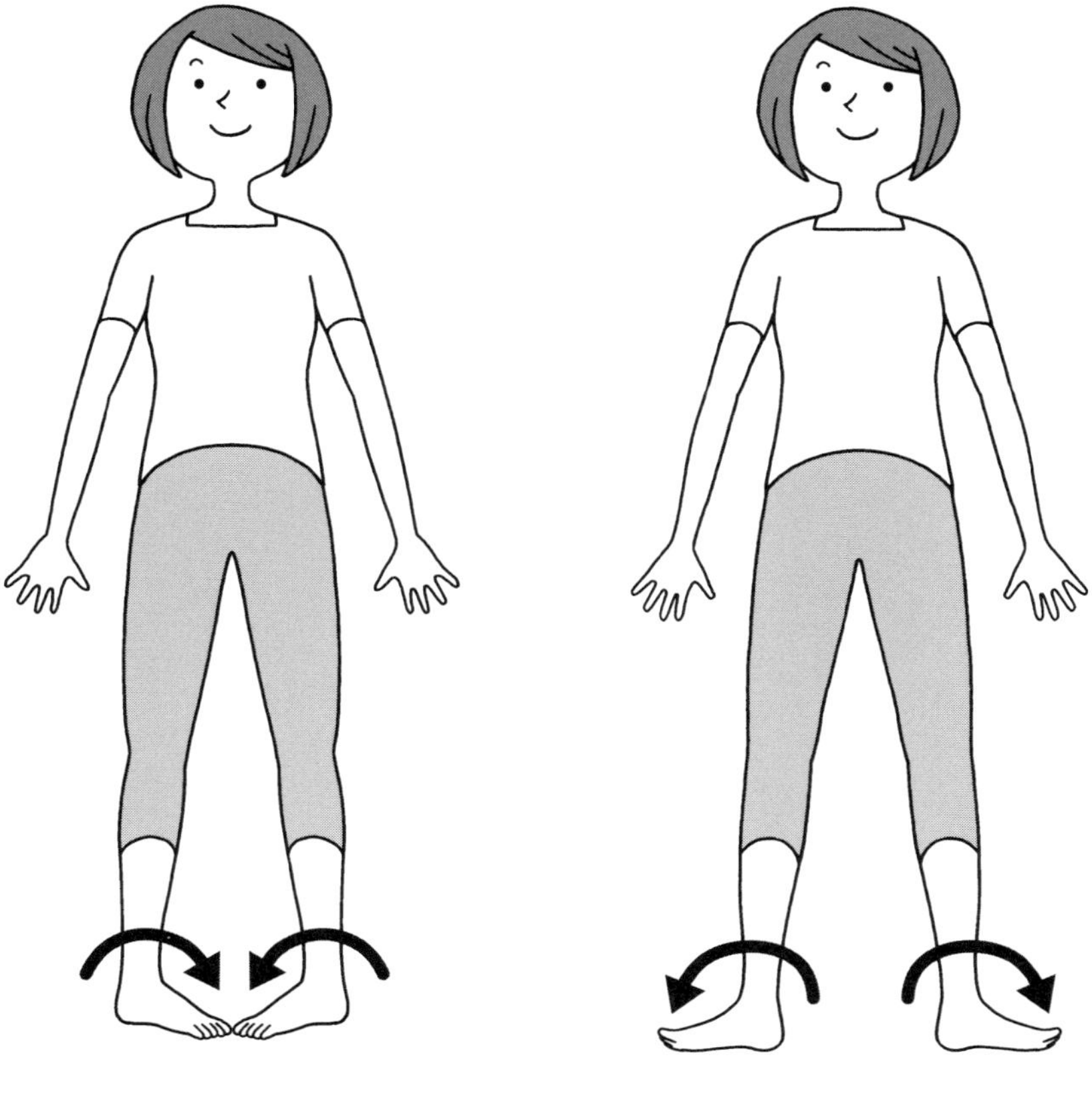

ふくらはぎ

現代人の多くは、ふくらはぎとすねの筋肉が衰えています。それは、かかとのほうが高い靴を履いていることで、すねの筋肉が使われなくなっているから。すねを活性化し、骨盤も動く体操で、すねとふくらはぎの筋肉を柔らかくし、引きしめていきます。

かかと足踏み体操

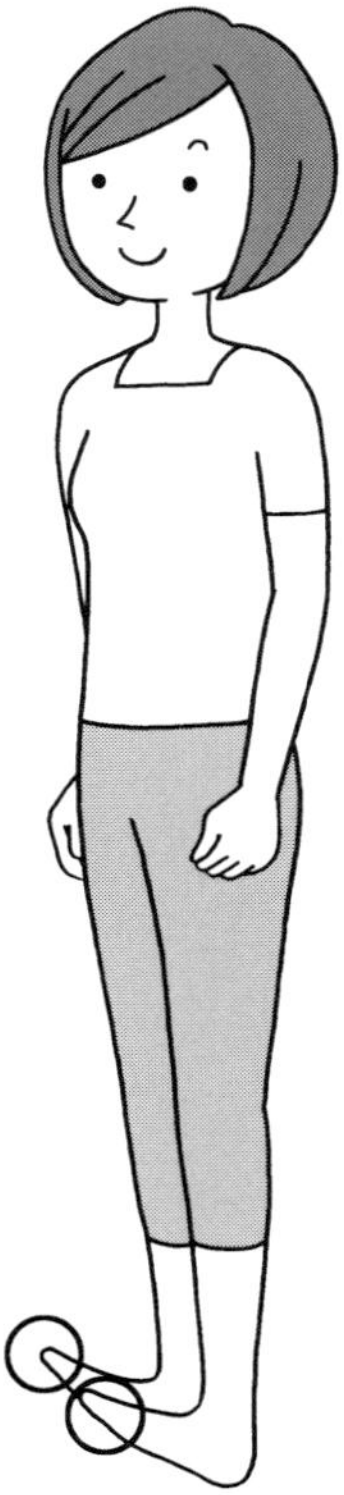

1

立った状態で両足のつま先をグッと持ち上げる。

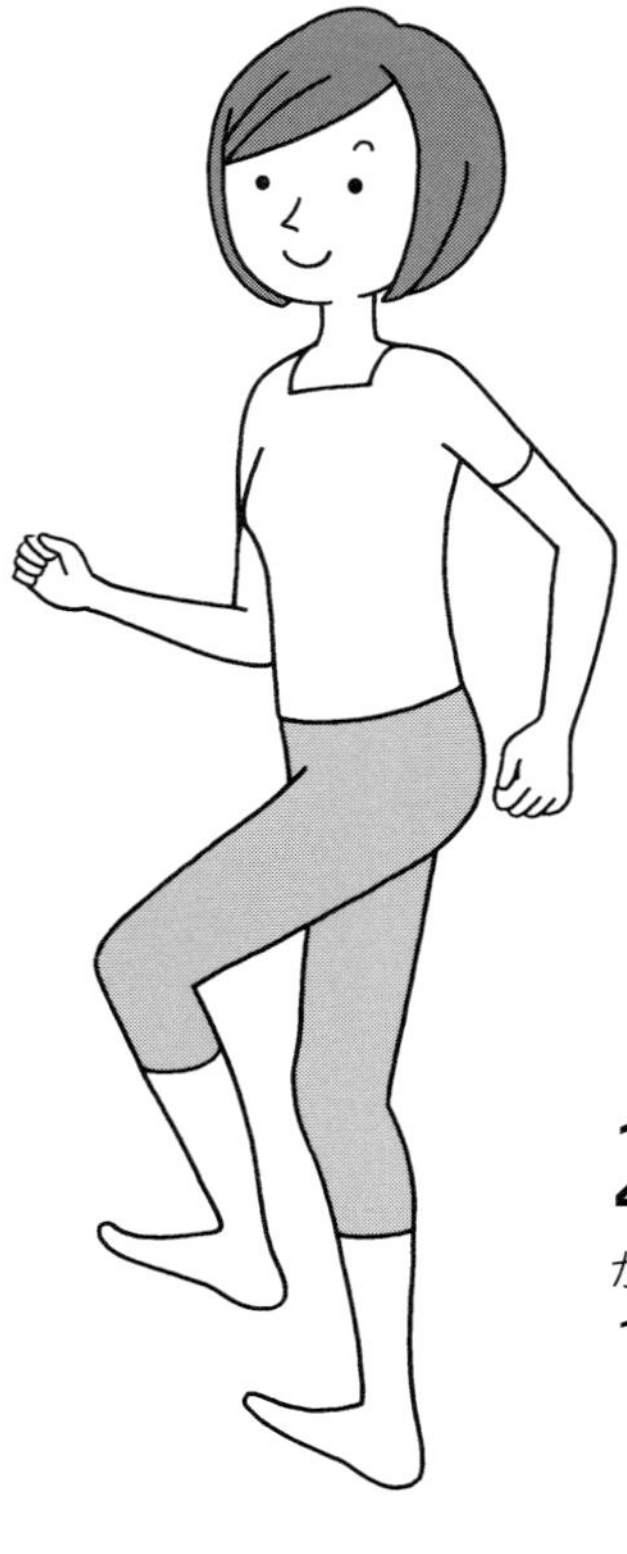

2

かかとだけで足踏みをする。
1〜2分行う。

つま先上げ伸ばし体操

1

足を伸ばして床に座る。つま先をピンと伸ばして、
このときに胸をそらせる。

2

次につま先をグッと上げる。
1と2をゆっくりと**5～10回**繰り返す。

バスト

バストを支えているのは、実は背中の筋肉。だから、胸を引き上げるには背中をよく動かすことが重要です。肩甲骨まわりの筋肉にひねりを加えながらしっかり動かせば、背中や体芯、肩やデコルテあたりまで、広範囲の筋肉を一度に鍛えることができます。

背面両手ねじり体操

1

背中で両手を組み、
親指が上になるように手のひら
を外側に返す。

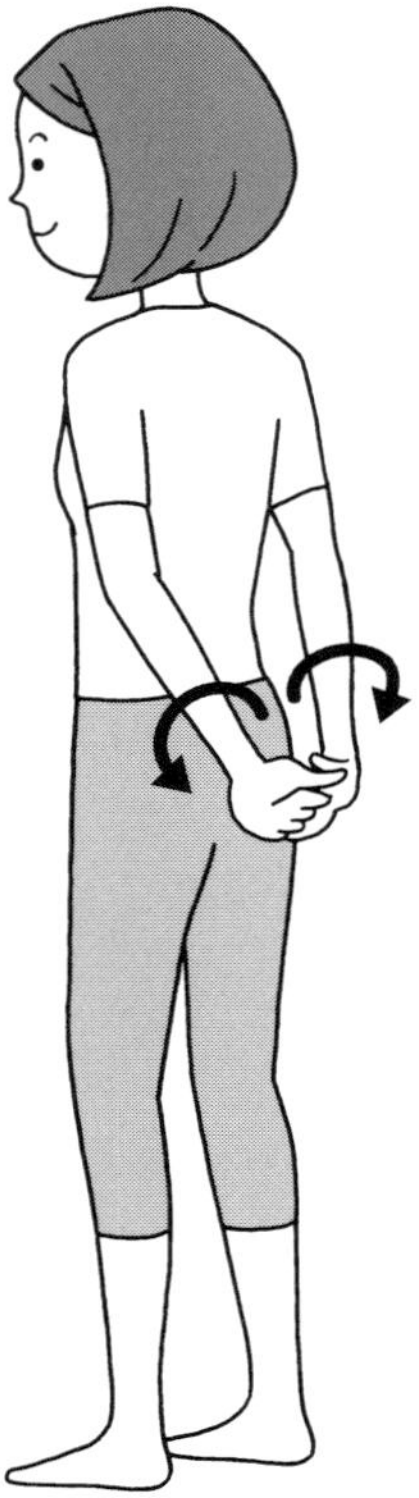

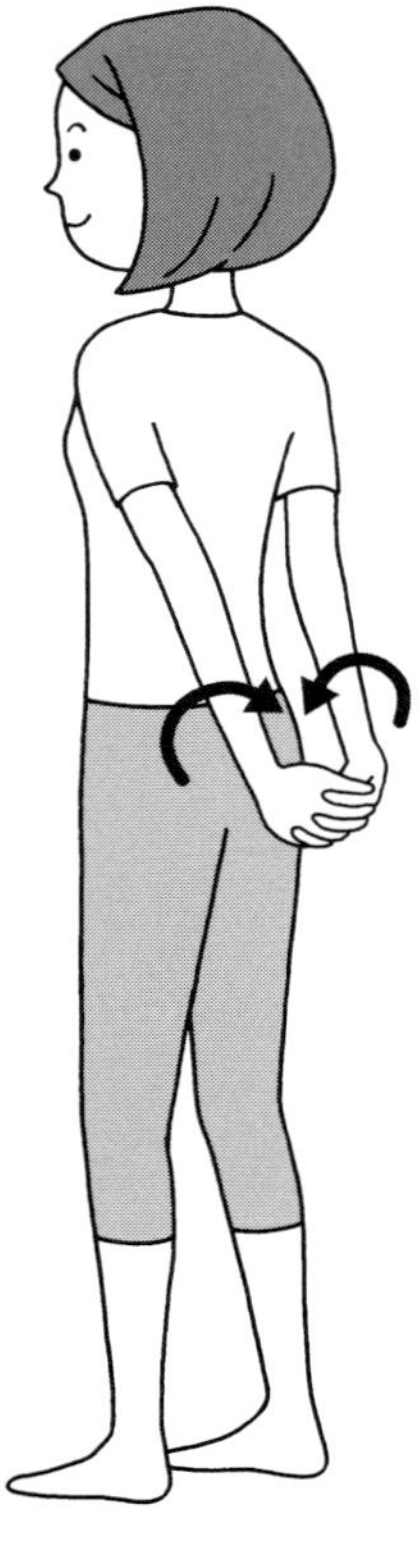

2

次に手のひらを親指が下になるように
内側に返す。
１と２をゆっくりと**5～10回ずつ**繰り
返す。

顔

鏡を見ると気になるほほのたるみは、あごとほほの筋肉を思いきり動かす体操で引きしめましょう。一見、顔しか使っていないように見えますが、やってみると、体芯も使っていることがわかるはず。みぞおちあたりを意識して、大腰筋も同時に鍛えましょう。

口角ひっぱり体操

1

斜め上を向く。

2

口角をぐーっと引き下げ、
3～5秒キープする。
3～5回行う。

首

多くの人が、常に顔が前に出ることで首と胸の筋肉を縮ませています。これが、首のシワの最大の原因。首の筋肉とつながっている腕の筋肉をひねったり、胸の筋肉を開いて、伸ばしていきましょう。耳の下から鎖骨をつないでいる胸鎖乳突筋にも刺激が伝わります。

腕ねじり上げ体操

1

イスに座って背筋を伸ばし、
腕を真横に伸ばしながら親指が下になるように内側にひねる。

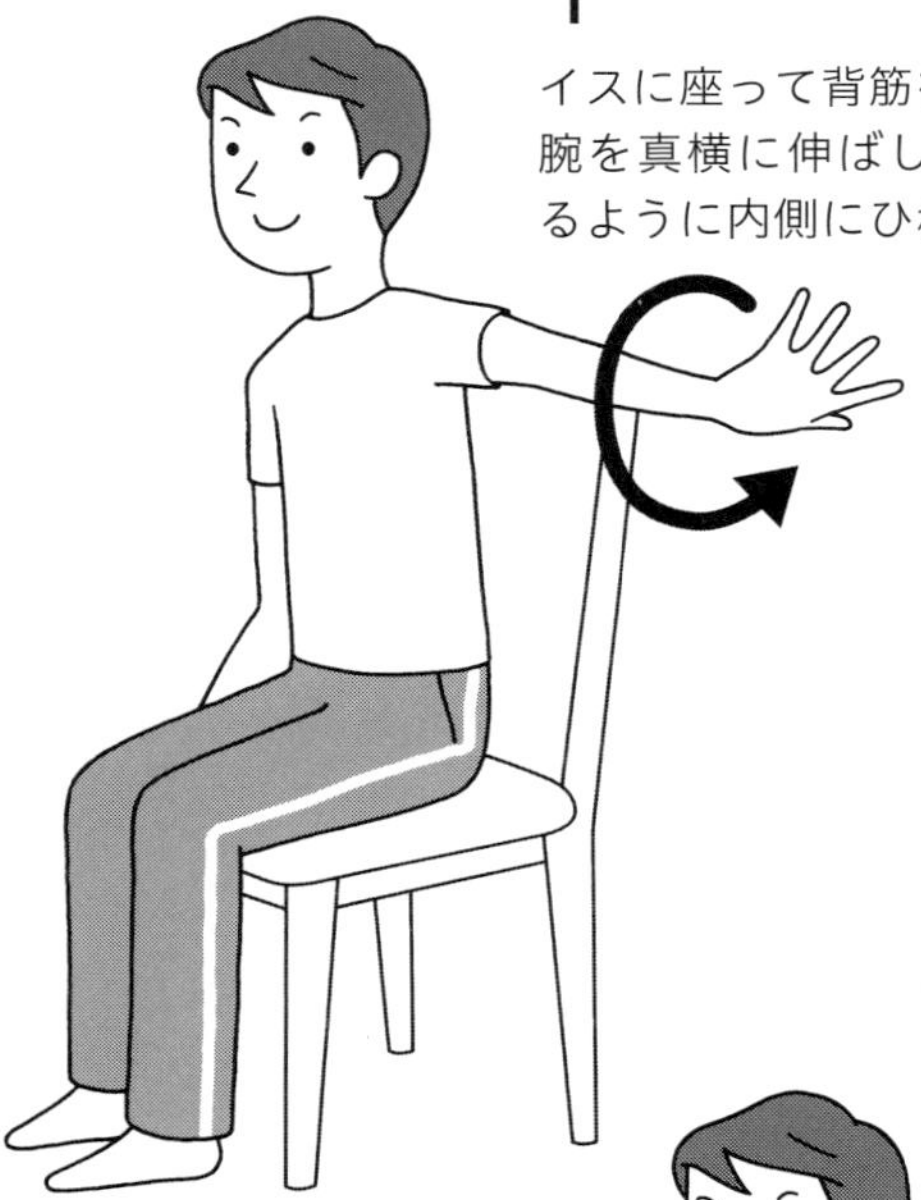

2

顔は正面を向いたまま、
腕を斜め上後ろへ引いて、
5秒キープする。
左右それぞれ3～5回ずつ行う。

PART

2

「体芯力」体操で、やせやすい体に変わる

理論編

なぜ年齢とともに、太りやすくなるのか

!?

年をとって太りやすくなる大きな要因のひとつが、基礎代謝の低下です。

なぜ、年齢とともに、基礎代謝が落ちるのでしょうか。いくつかの理由がありますが、実は大腰筋の衰えが深くかかわっています。

私たちは、子どものときに動き回って遊ぶことで、背骨まわりを柔軟に動かし、そこについている大腰筋をどんどん発達させていきます。

しかし大人になると体を動かさなくなったり、手先の動きに偏ってしまうため、背骨まわりの筋肉はどんどん衰えていきます。大腰筋に十分に血が回らなくなり、切り干し大根のように干からびていくのです。こうなると、大腰筋とともに背骨まわりがどんどん凝り固まってしまい、柔軟な動きはできなくなります。

大腰筋は、全身の筋肉の中でも一、二を争う大きな筋肉であり、足と腰をつないでいる唯一の大事な筋肉です。そうした意味でも、大腰筋が衰えると、体中の筋肉に影

響が及びます。人間の体は、どれも本来は中心から動き出すように作られているので、全身のあらゆる動きが悪くなってしまうのです。すると、ますます人は動かなくなり、さらに背骨まわりが凝り固まるという、悪循環に陥ります。結果的に、全身の筋力の低下を招き、基礎代謝もどんどん落ちていきます。

大腰筋をはじめとした筋肉をよく動かすと、筋線維が滑り合い、摩擦によって熱が発生します。すると血流もよくなり、体温が上がります。体温が上がれば、それだけ基礎代謝も上がってきます。

反対に、筋肉を動かさなければ、血流は悪くなり、体温が下がります。体温が低いと人は太りやすいといわれていますが、それは、冷えている内臓を防御しようと、胴まわりに脂肪がついてしまうからです。

また、よく動く筋肉のまわりは、筋線維の摩擦によって温度が上がりますが、凝り固まった筋肉のまわりは温度が上がらないため、冷えている部分を守ろうとして、やはりそこに脂肪がつきやすくなってしまいます。

ですから、やせやすい体にするためには、基礎代謝を上げて、冷えを改善することが大切なのです。

体芯力を上げることで、基礎代謝がぐんぐん上がる

基礎代謝を上げて、やせやすい体にするためには、呼吸にも注目する必要がありま す。人が体内で熱を作るためには、酸素が必要です。呼吸が浅いと酸素が入らないため、血の巡りも悪くなり、体温も上がらず、代謝も悪くなるからです。

呼吸を深くするために欠かせないのが、大腰筋をはじめとした体芯の筋肉の柔軟性です。体芯が硬くなると、脇腹や胸まわりなどの筋肉も硬くなって、呼吸するために必要な筋肉や関節の動きが悪くなり、呼吸が浅くなってしまうのです。

よく、さまざまなエクササイズで「やせるためにも、深い呼吸をしましょう」と言っていますが、いくら吸っても思うように空気が入ってこないという人は少なくないでしょう。背骨まわりが硬いと、空気はなかなか肺に入っていかないのです。

こういう場合、背骨を柔軟にして体の関節が外側に開くようにしてやらないと、肋骨が広がらないため、いくらがんばっても深い呼吸はできません。試しに、背中を丸

めて深い呼吸をしようとしてみてください。息が入っていかないはずです。

残念ながら、大人の女性の多くは、関節が内側を向いていて、深い呼吸ができないようです。実は、「深い呼吸をするためにどうしたらよいでしょう」と、女性のヨガのインストラクターに相談を受けることもあるのですが、そんなときも私は、「体芯力」体操で体芯を柔らかくすることをすすめています。

体芯の筋肉をゆるめてやると、それまで使われていなかった筋肉もどんどん動き出します。呼吸をしていても、普通に歩いていても、使っている筋肉がぐっと増えるのです。こうなれば、日常動作をしているだけでも活動量は増え、体温も基礎代謝も上がり、やせやすい体になります。余分な脂肪も落ち、そういう意味でも、体も全体に引きしまってくるでしょう。

ちなみに先日、私の血管年齢を測定したところ、実年齢マイナス36歳という、驚くべき数値が出ました。私の血管は4歳児なみに柔らかいということになります。血管が柔らかいということは、動脈硬化の反対ですから、血の巡りもよいということです。食事内容にも気を配っているので、その影響もあるとは思いますが、「体芯力」体操も大いに影響しているはずです。

「体芯力」体操で、自律神経にアプローチして、基礎代謝を上げる

年齢とともに基礎代謝が下がる理由は、筋肉の低下だけではなく、内臓の働きの低下とも大きく関係しています。そもそも基礎代謝のうち7割ほどのエネルギーは、内臓の活動によって消費されているので、内臓の働きが悪くなると、基礎代謝は大きく落ちてしまうのです。

内臓の働きをアップするには、自律神経を整えることが重要です。

自律神経には、交感神経と副交感神経があり、基本的に、交感神経は私たちが活動状態にあるときに、副交感神経は休息状態にあるときに、優位な状態になります。

交感神経が優位になると、体は緊張状態に入ります。内臓の血流や動きを低下させることで、活動に費やすエネルギーを捻出するのです。反対に、副交感神経が優位になると、体はリラックス状態になり、内臓に血流が行き渡り、その働きも活発化します。つまり、内臓の働きをよくするには、副交感神経が優位な時間がポイントになっ

てくるわけです。しかし、忙しい現代、私たちは交感神経が優位になっている時間が非常に長いのです。

では、どうやって自律神経を整えるかですが、実はここでも、大腰筋をはじめとした背骨まわりが大いに関係してきます。なぜなら、自律神経は背骨（首の付け根から腰まで）の両脇を通っていて、背骨まわりをよく動かすことで刺激され、調整されるようになっているからです。

大人になると多くの人は背骨をあまり動かさなくなります。そのため、自律神経の働きが悪くなり、交感神経優位の状態が長く続くことになりがちです。こうなると、夜眠れないなど、さまざまな不具合が表れてきます。実際、「体芯力」体操で背骨を動かす運動をはじめたことで、「よく眠れるようになった」という方も多いです。「お酒が抜けるのが早くなった」という方もいました。これも、自律神経が整うことで内臓の働きがよくなった結果でしょう。

このように、基礎代謝を上げてやせやすい体にするためには、筋肉をよく動かすこと、そして、内臓の動きもよくしてあげること、その両方が欠かせません。そして、背骨まわりを動かす「体芯力」体操なら、その両方が可能なのです。

筋トレしても、基礎代謝は上がらない!?

「筋肉はエネルギーをたくさん消費するので、筋トレで筋肉をつければ基礎代謝は上がる」と思っている人は少なくありません。

しかしこれが間違いであることを、私は身をもって体験しました。

実は私は、20歳の頃、格闘技をしていたのですが、強くなるために筋トレに精を出し、ムキムキの体にしたことがありました。

格闘技では、試合の前に体重を落とす必要があります。ボクサーの場合、だいたい3週間から1か月かけて約7〜8キロ落とすのですが、筋トレでムキムキの体になればなるほど、体重が落ちにくくなっていったのです。

筋トレで硬い筋肉をつけてしまうと、体は鎧をつけているような状態になり、ガチガチに固まっていきます。そのため、体の動きが悪くなり、代謝が落ちてしまったのだと思います。

そこで、30歳近くなった頃、トレーニング方法を大幅に変える決心をして、ようやく体芯力に注目するようになったのです。

そして、ラクに背骨まわりを動かすことで体芯力をつけ、硬くなっていた筋肉を柔らかくしていったら、途端に体重が落ちやすくなりました。以前より練習量を減らしているのに、極端に食事量を減らさなくても、無理なくスッと体重が落ちていくようになり、よい体調を保ったまま仕上げられるようになったのです。

ムキムキだった頃は、今に比べて、1度ほど体温も低めでした。全体に代謝が悪くなっていたのだと思います。

現在、格闘技をやめてから10年近く経ち、当時のような激しいトレーニングはまったくしていません。ラクにできる範囲で「体芯力」体操を続けているだけです。それでも私は、身長180センチ、体重は76〜78キロ、体脂肪率6〜8パーセントという体型を、無理なく維持することに成功しています。

ちなみに、筋トレをやめて変わったことが、もうひとつありました。もともと甘いものが大好きだったのですが、それほど食べなくなったのです。

実は、「体芯力」体操で代謝がよくなると、食べ物の好みが変わったという人は少なくありません。

仕組みはわかりませんが、体の機能が整うことで、必要以上の糖質や脂質を体が受けつけなくなるのでしょう。

体型を気にしているのに、つい甘いものが欲しくなるというのは、自律神経が乱れ、心と体が緊張状態にあるからだと考えられています。甘いものを食べると、一時的に心身はリラックス状態になります。

だから、ストレス状態にあると、「甘いものを食べてリラックスしたい！」と、体が欲するのです。

心と体が緊張状態から解き放たれ、常にリラックスした健康的な状態になれば、甘いものを欲しがることもそうそうなくなるはずです。

こうした食べ物の好みの変化も脂肪を落とすことになり、結果的に体を引きしめることにつながっているのです。

従来のトレーニングでは、体芯力は鍛えられない

体芯力をつけて基礎代謝を上げるためには、大腰筋を中心とした背骨まわりを柔らかくし、よく動くようにしていく必要があるわけですが、筋トレなど、従来の一般的なトレーニングでこれを実現するのは、不可能です。

筋肉には、大きく分けて2種類あります。瞬発力を持つ「白筋《はっきん》」と、持久力を持つ「赤筋《せっきん》」です。魚を思い浮かべていただくと、わかりやすいでしょう。ヒラメやカレイのような瞬発力の高い魚の筋肉は白筋であり、身も白身です。一方、マグロのように持久力の高い魚の筋肉は赤筋であり、身も赤身です。大腰筋をはじめとしたインナーマッスルは赤筋なのですが、筋トレをはじめとした従来のトレーニングの多くは白筋を鍛えるものばかりであり、アウターマッスルしか鍛えることができないのです。

特に大腰筋は、インナーマッスルの中でも体の奥の奥、いちばん深いところにあって、背骨と股関節をつないでいる筋肉です。しかも、自分の意思で動かそうと思って

!?

動かすことができない、不随意筋。背骨と股関節を使って動かさない限り、鍛えることはできないのです。

ですから、従来の筋トレなどで、腹筋や背筋など、体の表面の筋肉を鍛えてしまうと、大腰筋のまわりが硬い筋肉で覆われてしまい、その奥にあるインナーマッスルは動きにくくなって、ますます硬くなってしまいます。

マシントレーニングでも、大腰筋は鍛えられません。マシントレーニングの多くは、体芯を固定して、腕だけ、もしくは足だけを動かすことで、その部分の筋肉を鍛えるようになっているため、ほとんど体芯が動かないのです。それどころか、一部の筋肉だけ硬く太くなれば、体のバランスは崩れる上に、動きが悪くなりかねません。

スポーツ界でインナーマッスルが注目されるようになったのは2000年頃からですから、かなり最近の話です。そのため、広く行われているトレーニングには、インナーマッスルを鍛えられるものがまだまだ非常に少ないのが現状です。

私たちのようなトレーナーのための専門学校でさえ、筋トレを基本にした理論から学ぶカリキュラムが中心のままですから、まだまだ大腰筋の正しい鍛え方がわかっていない人は少なくありません。

たとえば、最近〝大腰筋を鍛える〟とうたった本が何冊か出ていますが、スクワットやもも上げ運動など、足だけを動かす運動を紹介している本があるようです。しかし、大腰筋は、みぞおちあたりから股関節にかけてついている筋肉ですから、足を上下に動かしているだけでは、大腰筋の下のほうが少し動くだけで、非常に効率が悪い。これでは、なかなか体芯力はついてこないでしょう。

ピラティスやヨガで〝大腰筋を鍛えよう〟という本もありますが、これらはポーズをとって静止するのが基本であり、一般の人が正しく行うのはかなり難しいと思います。〝フラで大腰筋を鍛える〟というテレビ番組を見たこともあります。あの動きは、上手にできれば確かに大腰筋が鍛えられそうですが、やはり誰にでもすぐにできるものではないでしょう。

「体芯力」体操は、なぜ大腰筋を鍛えられるのか!?

PART2で紹介している「体芯力」体操は、基礎代謝を上げてやせやすい体にするために、大腰筋を鍛えるものになっています。

いずれも、背骨を前後に動かす、左右に動かす、もしくはひねる動作で構成されています。ちょっとやってみてもらうとわかると思いますが、キツくもツラくもありません。

効果的なトレーニングといえば、「キツくて、ツライ」というイメージが強いため、こんなエクササイズで大腰筋を本当に鍛えられるのかと、疑問に思う人もいるでしょう。そこで、どうしてこんなにラクな動きで大腰筋が鍛えられるのか、説明しておきましょう。

アウターマッスルは、自分で意識して動かすことで鍛えられる随意筋です。つまり、体に負荷をかけて鍛える。だから、アウターマッスルを鍛える、筋トレをはじめとした従来のトレーニングは、どうしてもキツいものになります。

しかし、大腰筋をはじめとしたインナーマッスルは、自分の意識で動かすことができない不随意筋です。意識して力を入れたり、無理に動かそうとしてもまったく意味がないのです。

「体芯力」体操の場合、体の表面の筋肉＝アウターマッスルの力を抜いてリラックスし、背骨と股関節をゆっくり動かすことで、そこについている大腰筋に刺激を与えて柔らかくするものです。

そのため、まったくキツくありません。体に負担がほとんどかからないので、ふんばることも、息切れすることも一切ありません。はたから見ても、ただゆらゆらと軽くストレッチでもしているようにしか見えないでしょう。

しかし、それでも大腰筋の筋線維が何度も滑走することで、そこに熱が生まれ、血液が流れ込んでくるので、体が芯から温まってきます。

続けていれば、確実に大腰筋をはじめとしたインナーマッスルが鍛えられて体芯力がつき、同時に基礎代謝も上がっていくことでしょう。

キツくもツラくもないので、長続きする

一般的に、体を引きしめたり、やせやすい体にするトレーニングといえば、筋トレをはじめ、ランニングや水泳など、キツかったり、やるのが大変だったり、なかなか続けられないものが多かったのではないでしょうか。

「体型を改善しようと何度かトレーニングに挑戦したけれど、どれもなかなか効果が出ないし、長続きしなかった」という方は少なくないと思います。

しかし、「体芯力」体操なら、キツくもツラくもないので、誰でも長続きするはずです。

また、特別難しいことはひとつもないので、運動に自信がない方、運動が嫌いな方、さらに、従来のトレーニングやランニングなどでドクターストップがかかっていた人でも、問題なく行える人がほとんどだと思います。

そもそも、体に負荷をかけて行う従来のトレーニングの多くは、高校生以上の健康

な人を対象に考えられています。しかも、力むことで血圧が上がる可能性があるため、高血圧症や動脈硬化症、心疾患などをお持ちの方は、「おすすめできない」と言われることも多かったはずです。

40歳を超えると、基本的に健康な人でも、高血圧症をはじめ、腰痛やひざ痛など、なんらかの不具合を抱える人はどんどん増えていきます。しかも、忙しい。そのため、多忙な中高年のビジネスパーソンなどが、「体を引きしめたい」「基礎代謝を上げてやせやすい体になりたい」といくら思っても、気軽にすぐ行えるトレーニングは、なかなか見つからないのです。

その点、「体芯力」体操は、誰でも、いつでも、どこでも、気軽に、すぐに行えます。キツくもツラくもないし、体への負担が少ないので、少々腰痛やひざ痛がある人、体力や運動能力に自信がない人でも、心配いりません。

私の生徒さんの中には、仕事が超多忙な人や、今までほとんど運動をしたことがない人、何をやっても長続きしなかったという人、80歳を超えた高齢の方までいらっしゃいますが、多くの方が「体芯力」体操を長く続け、引きしまった体ややせやすい体質を手に入れています。

筋肉を柔らかくするだけで、約2か月で体が引きしまった！

実際に「体芯力」体操で体が引きしまり、健康的で基礎代謝の高い体に変化していった方の一例を、紹介しておきましょう。

ある日、30代半ばの女性が、「体力がなく、寝つきも悪いので、健康を考えて運動をはじめたい」と、私のところへ相談に来られました。

もともと、運動はほぼまったくしていないということで、特に太っているわけではなく、見た目はむしろ細いのですが、体脂肪率は30パーセントを超えていました。これはつまり、筋肉が極端に少ない、ということです。

体は全体的に固く、筋肉の機能はかなり衰えている印象でした。おそらく、基礎代謝も低かったと思われます。

そこで、さっそく「体芯力」体操とウォーキングなどの軽い有酸素運動を30分程度、週に2～3回続けてもらったところ、効果はてきめんでした。

エクササイズをはじめてしばらく経った頃、彼女は「なんだか体調がよくなり、よく眠れるようになりました。毎日体重計に乗っているけれど、体重は変わりません」と言っていました。「調子がよいので続けてみます」ということで、さらに続けてもらったところ、本人も体が引きしまった実感を持つようになり、まわりの人からも、「スリムになったね」と言われるようになった、というのです。

そして、ちょうど2か月経過したところで体脂肪を測ってみたら、体重はほとんど変わらないけれど、体脂肪率が5パーセントも下がっていました。

これは、脂肪が落ちた分がほぼ筋肉に変わったということになります。体組成でいうと、脂肪が2・5キロ落ちて、筋肉が3キロ増えていました。

わずか2か月ほどで背骨まわりの筋肉が柔らかくなり、全身の筋肉の状態が改善していき、体型も引きしまっていったのです。

この結果は、約2か月で2～3キロやせたというよりも、むしろ衝撃的でしょう。これまでの常識だと、筋肉を3キロも増やすのは、かなり大変なトレーニングが必要と考えられてきました。

それが、まったくツラくない「体芯力」体操を週に2～3回続けるだけで、食事を変えることもなく、これだけの筋肉を増やすことに成功したのです。

よく眠れるようになったということは、自律神経も整った証拠です。血流も上がり、内臓の働きがよくなることで体調もよくなって、基礎代謝も上がり、脂肪を落としやすい体になっていたと考えられます。

「特にツラくもない体操でこんなに効果が出るなんて」と、彼女自身も大変驚いていていました。

単に体重を落とすだけではなく、筋肉を増やして体を引きしめるというのは、食事では実現不可能です。だからこそ、引きしまった、やせやすい体を手に入れるためには、いわゆるダイエットよりも「体芯力」体操のほうが、おすすめできるのです。

1分

PART 2

たった1分！
基礎代謝がぐんぐん上がる
「体芯力」体操

実践編

背骨を前後に動かす体操

1

四つんばいになり、息を吐きながら、背中をゆっくりと丸める。
おへそのあたりをのぞき込むように。

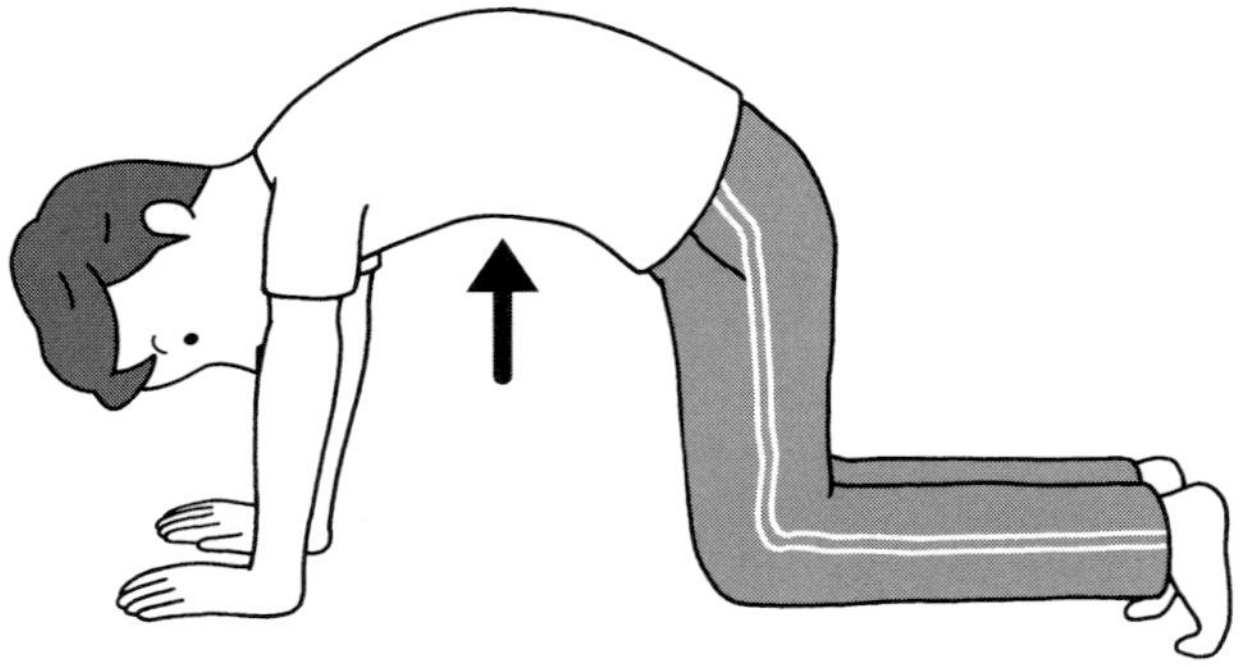

2

息を吸いながら、背中をゆっくりとそらす。
みぞおちを正面に向けるイメージで。
1と2を、**3～5回**繰り返す。

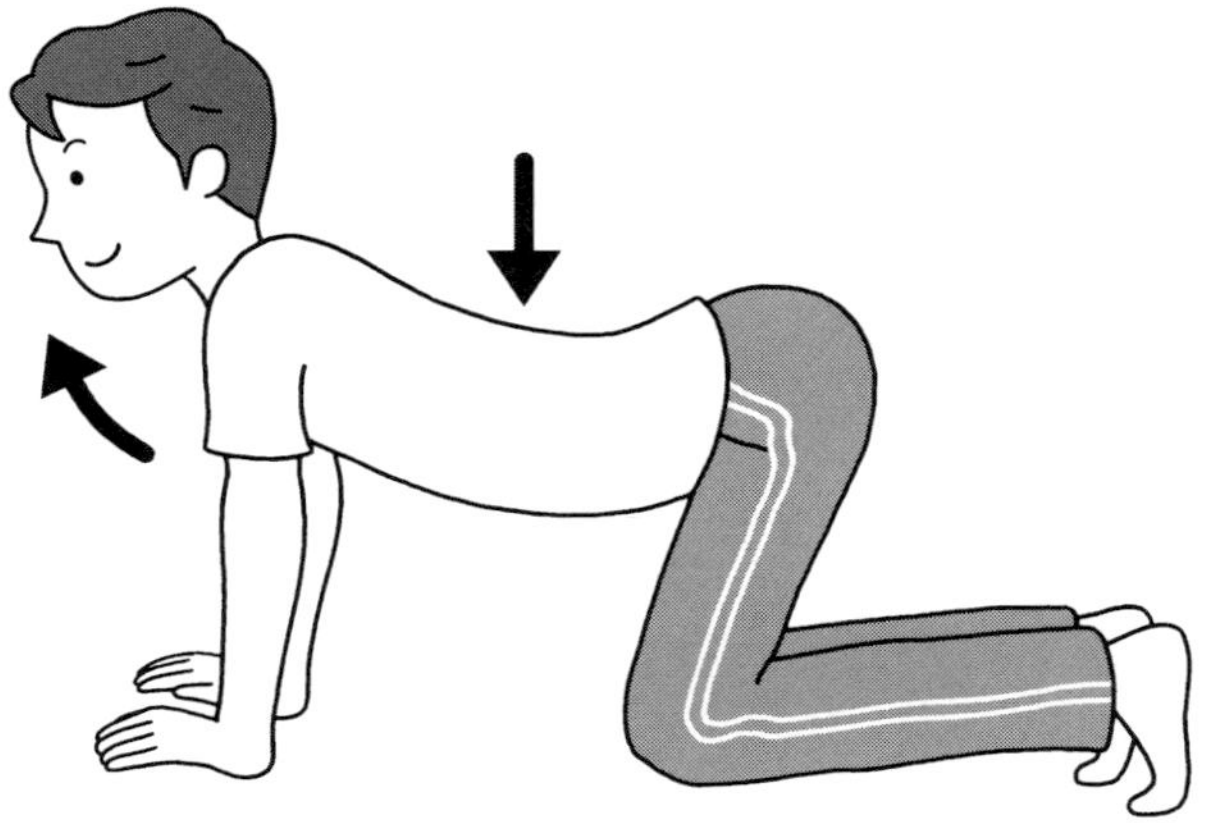

背骨を左右に動かす体操

1

足を肩幅に開いて背筋を伸ばして立ち、頭の後ろで手を組む。

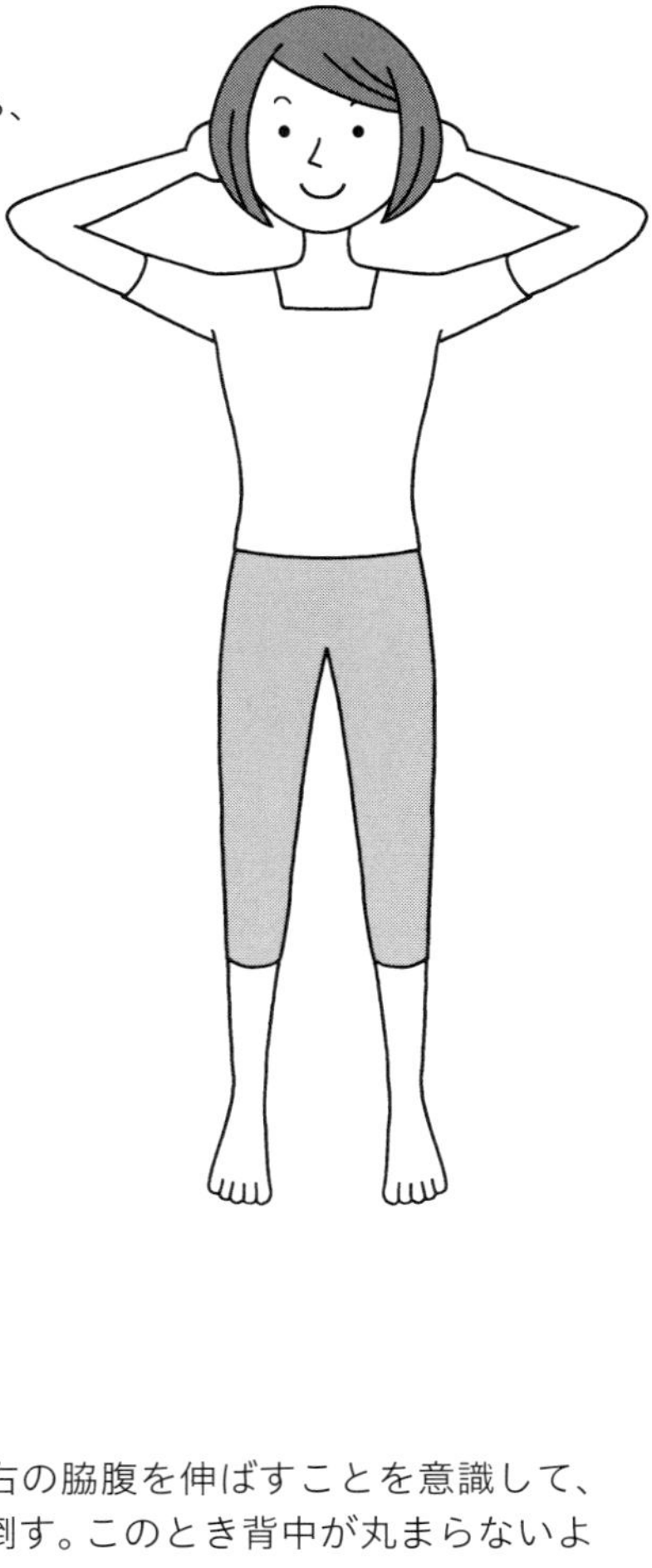

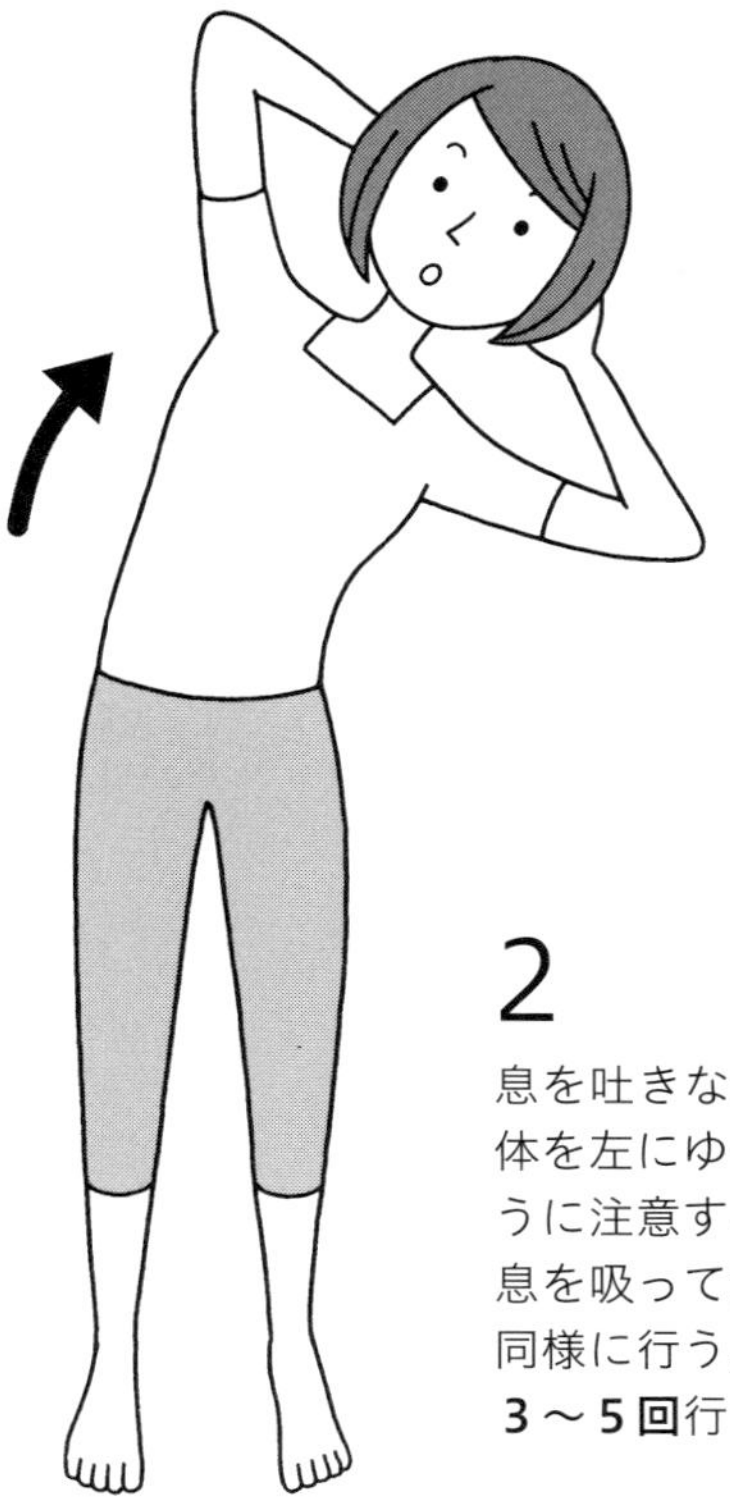

2

息を吐きながら、右の脇腹を伸ばすことを意識して、体を左にゆっくり倒す。このとき背中が丸まらないように注意する。

息を吸って元の体勢に戻り、息を吐きながら反対側も同様に行う。

３～５回行う。

背骨をひねる体操

足を肩幅に開いて背筋を伸ばして立ち、ゆっくりと上半身をひねって、後方を見る。
このとき大切なのは、「腰→肩→首」の順にひねること。
正面に戻るときは、その逆で。
ひねるときに息を吐き、戻すときに吸う。
反対側も同様に行う。
3～5回行う。

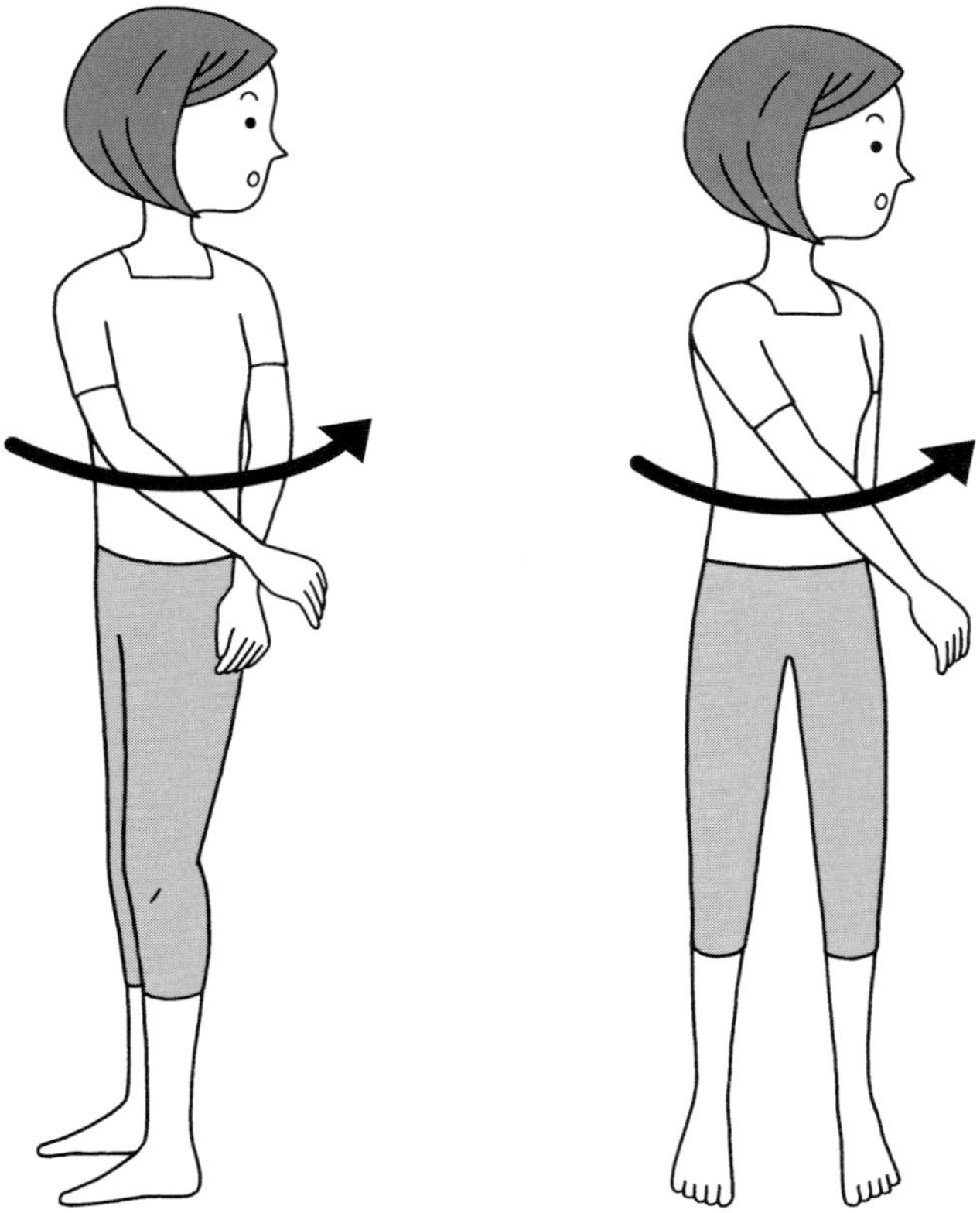

ブランブラン体操

足を閉じて、まっすぐに立つ。
両腕の力を抜いて、上半身を左右にゆっくりとひねる。
このとき、腕を振るのではなく、股関節からひねるように意識すること。
この動きを**1～2分**行う。

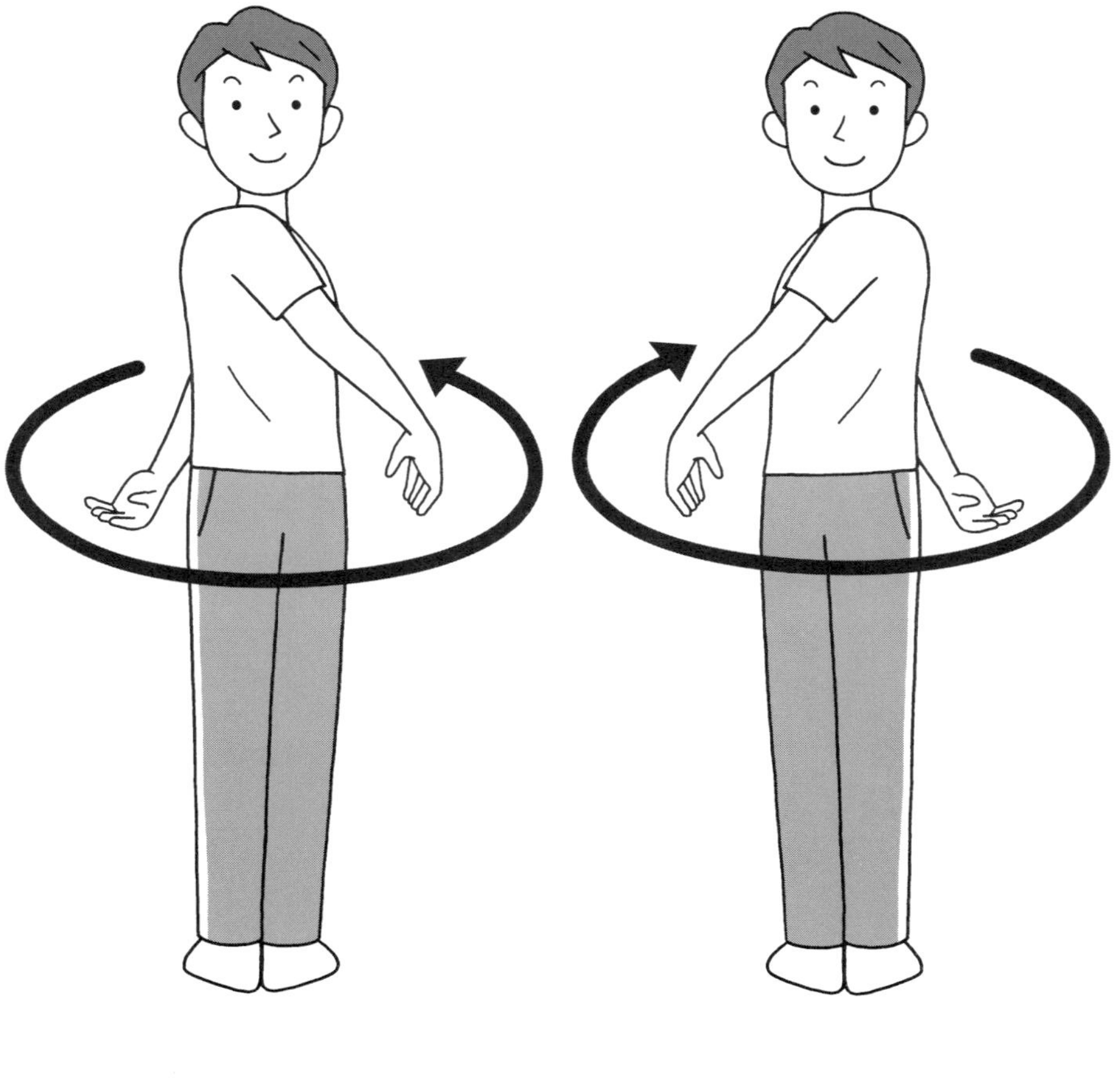

両腕ブランコ体操

足を閉じて、まっすぐに立つ。
両腕を前後に大きく振る。このとき、手のひらを常に上を向けるようにする。
股関節から上半身をひねり、肩甲骨が動いていることを意識する。
腕を遠くに放り投げるイメージで。
この動きを**1～2分**行う。

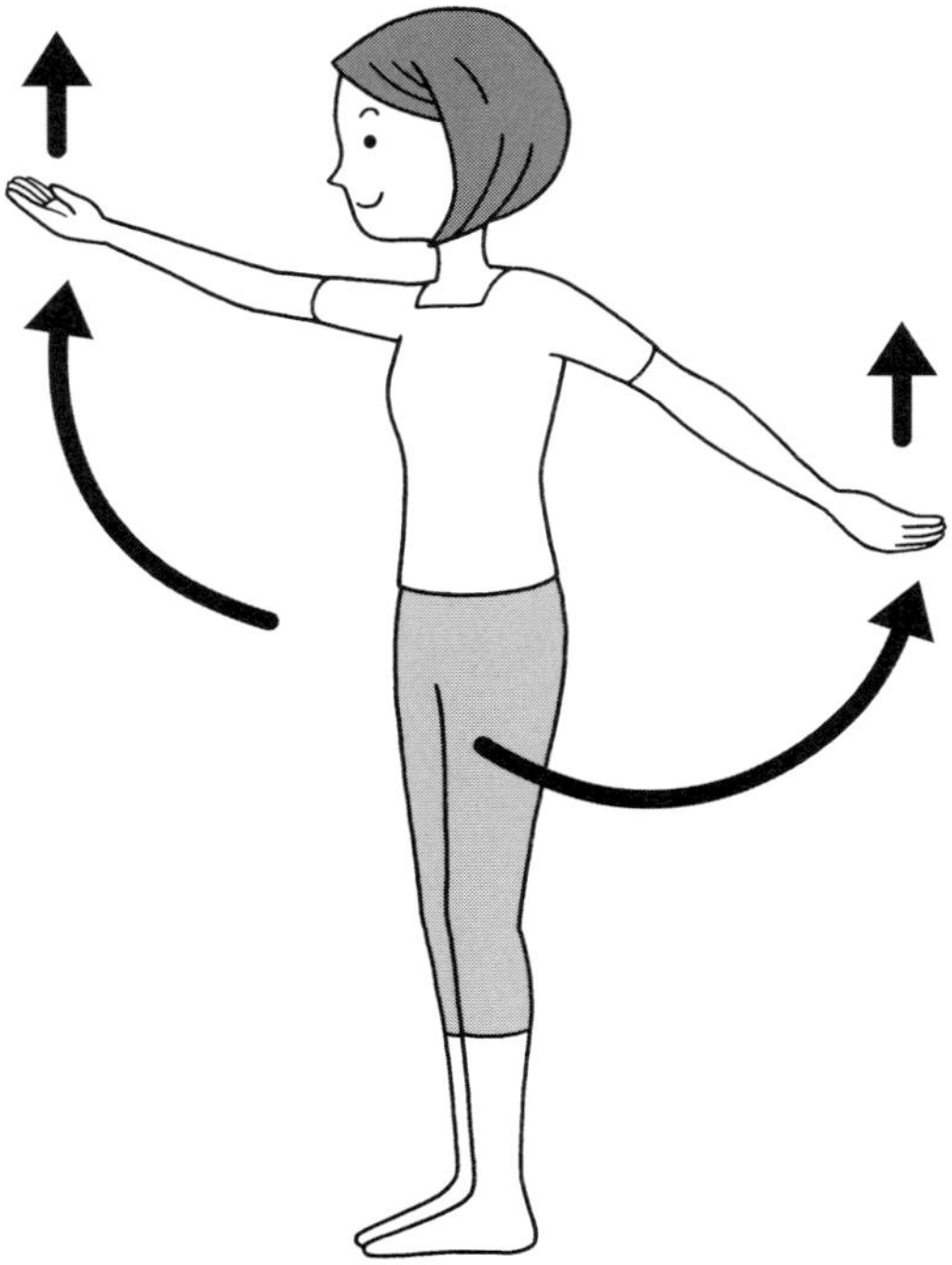

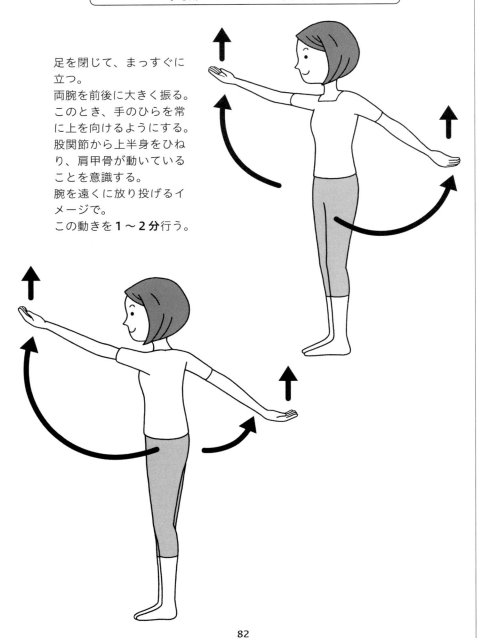

背泳ぎ体操

1

片腕を持ち上げ、
背泳ぎのように後ろへ回す。
腕が頭上を通過するときに
小指が後ろを向くようにする。

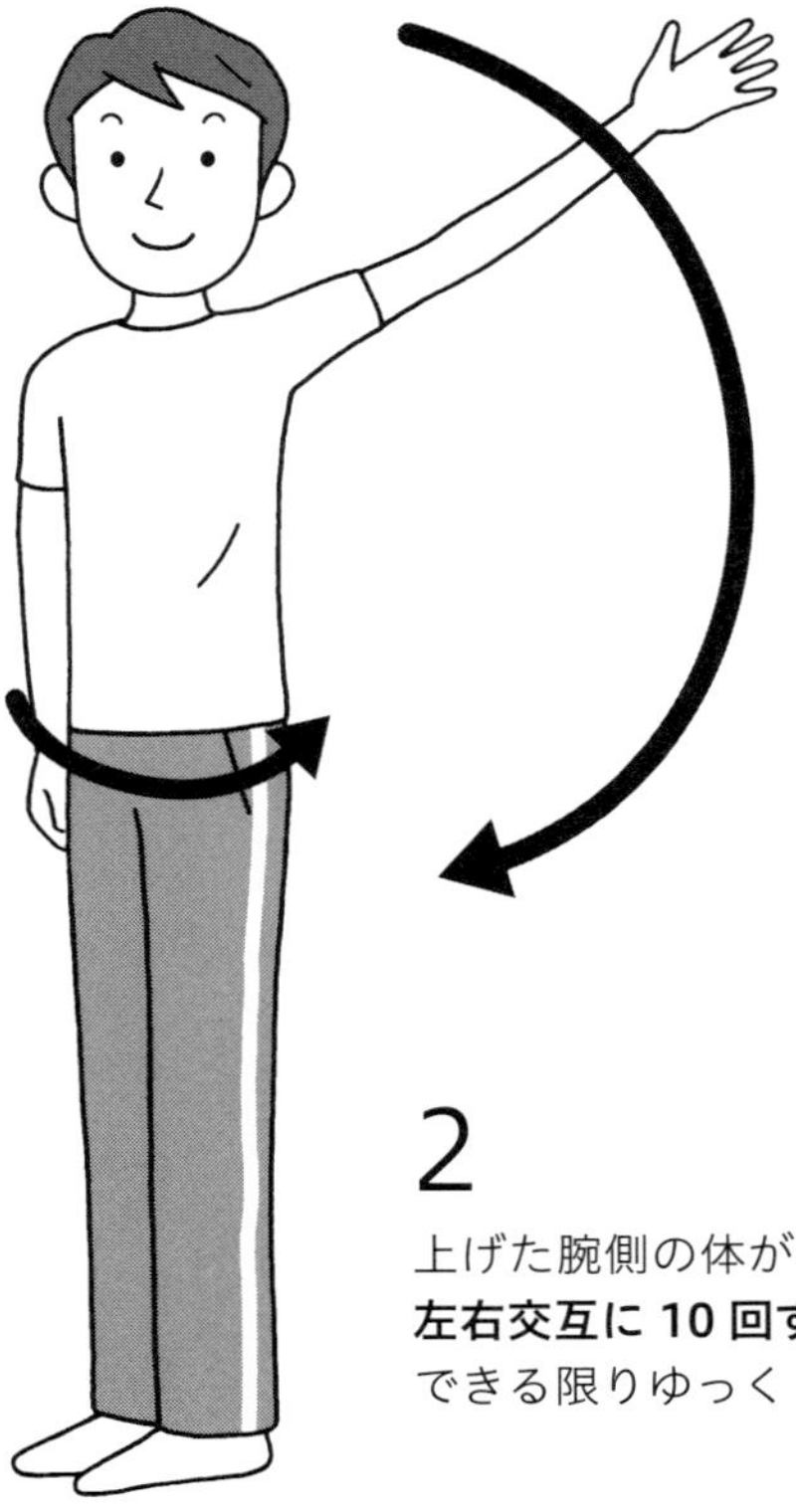

2

上げた腕側の体が横を向くように腰をひねる。
左右交互に 10 回ずつ行う。
できる限りゆっくりと大きく行う。

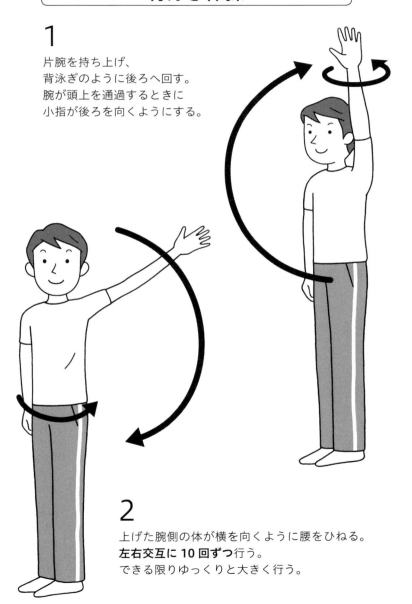

「体芯力」をつける歩き方

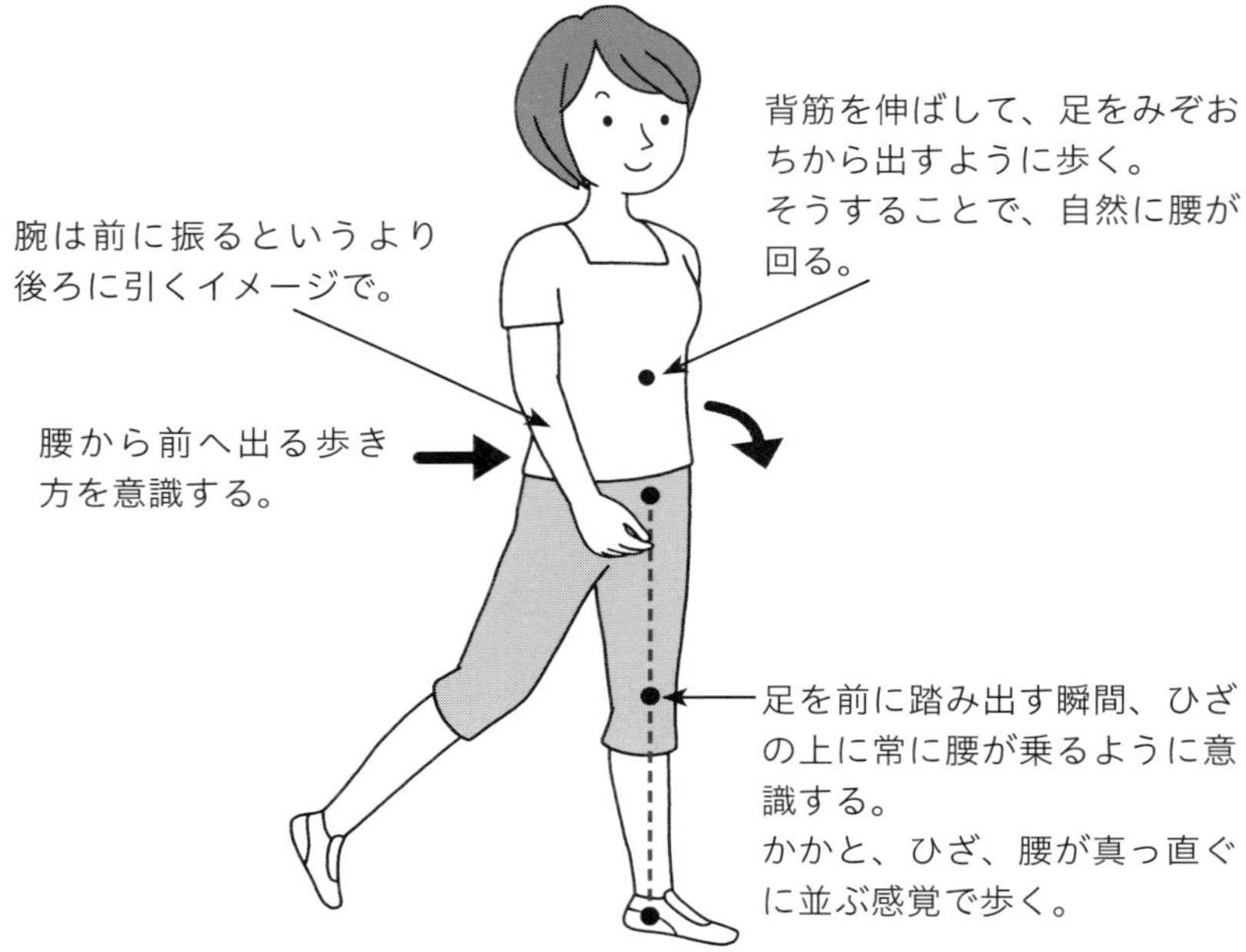
背筋を伸ばして、足をみぞおちから出すように歩く。
そうすることで、自然に腰が回る。
腕は前に振るというより後ろに引くイメージで。
腰から前へ出る歩き方を意識する。
足を前に踏み出す瞬間、ひざの上に常に腰が乗るように意識する。
かかと、ひざ、腰が真っ直ぐに並ぶ感覚で歩く。

× 足を大きく前へ踏み出す「従来のウォーキング」

大股で歩き、かかとから着地する歩き方は、上半身と下半身の動きが分断され、足だけで歩いているような形に。これでは大腰筋は鍛えられない。

むしろ前に進む力にブレーキがかかり、ひざにも負担がかかる。

謝辞

『体のたるみを引きしめる！「体芯力」体操』を手にとっていただき、ありがとうございます。

今回は今までで一番、自分らしい内容が書けたような気がします。

今回で3回目の企画を通していただいた編集長の福田尚之様、青春出版社様。的確な文章に書き起こしていただいたライター上原章江様。イラストレーター瀬川尚志様。

僕のトレーナー人生を変えてくれた東大名誉教授・小林寛道先生。

いつも的確なアドバイスをくださるＱＯＹ合同会社・鈴木由香代表並びにスタッフの方々。

ティップネス町田店のスタッフの方々、いつもパーソナルトレーニングを受けていただいているお客様、指導者養成講座に参加していただいた皆様。

いつもわがままを許してくれる妻、ダウン症として生まれてきた娘。

皆様に感謝をしつつ、筆を置きます。

【参考文献】

『Daiyoukinの歌体操』小林寛道（杏林書院）
『健康寿命をのばす認知動作型QOMトレーニング』小林寛道（杏林書院）
『動きの解剖学II エクササイズ編』Blandine calais Germain、Andre Lamotte、仲井光二・訳（科学新聞社）
『アナトミー・トレイン第3版 徒手運動療法のための筋筋膜経線』トーマスマイヤース、板場英行・訳、石井慎一郎・訳（医学書院）

本文デザイン…青木佐和子　／　イラスト…瀬川尚志　／　編集協力…上原章江

著者
鈴木亮司

1977年千葉県館山市生まれ。東京健康科学専門学校卒。

がんばらないトレーニング「体芯力®」のパーソナルトレーナー。日本体芯力協会会長。認知動作型トレーニング指導者。全米エクササイズ&スポーツトレーナー協会認定トレーナー。ゴルフコンディショニングスペシャリスト。

高校卒業後、トレーナーの専門学校・東京健康科学専門学校に入学。同時に格闘技を始め、総合格闘技やK-1などで活躍。選手引退後の2010年より、トレーナー活動に専念する。

格闘家時代のケガや不調、パフォーマンスの伸び悩みの経験から、東洋医学や武術などをヒントに、「がんばらなくても効果の出るトレーニング」=「体芯力」トレーニングを考案。顧客にも好評で、高齢者を中心に16年間でのべ3万人以上のパーソナルトレーナーを務める。アメリカプロバスケット選手、全日本スカッシュ選手、タッチラグビー日本代表選手、プロ格闘家、プロボクサーなどもクライアントにおり、アスリートから80歳以上の高齢者まで、ほぼ同じ内容のトレーニングを実施。ティップネス町田を中心に、自宅や公共施設での指導、セミナー講師、トレーナーの育成業務などを行っている。

著書に『100歳まで歩ける!「体芯力」体操』『腰・ひざ 痛みとり「体芯力」体操』(小社)がある。

【公式サイト】

http://ryojisuzuki.jp
https://ameblo.jp/towako918/

体《からだ》のたるみを引《ひ》きしめる!

「体芯力《たいしんりょく》」体操《たいそう》

2018年 7月1日 第1刷

著者 鈴《すず》木《き》亮《りょう》司《じ》
発行者 小澤源太郎
責任編集 株式会社プライム涌光
電話 編集部 03(3203)2850
発行所 株式会社青春出版社
東京都新宿区若松町12番1号〒162-0056
振替番号 00190-7-98602
電話 営業部 03(3207)1916

印刷 大日本印刷 製本 フォーネット社

万一、落丁、乱丁がありました節は、お取りかえします。

ISBN978-4-413-11263-5 C2075